寻找茅盾的故乡

茅盾青少年文学院首届征文作品集

主编 | 王乃中

作家出版社

爱好文学的青少年是中国文学未来的希望。参加茅盾青少年征文活动获奖的小作家是未来的文学之星。这些获奖的作品，就像一颗一颗小星星，闪烁着光明，颗颗感情真挚，真实而灵动。当这些文学的小星星布满天际之时，一定是中国文学繁星璀璨的日子。

此时，我想到我的祖父茅盾先生的一句话："书本上的知识而外，尚须从生活的人生中获得知识。"我相信，青少年小作家在成长为大作家的道路上，只要坚持不断地在生活中积累能量，一定能写出温暖人们心灵的好作品。正如茅盾先生所期许的：每个人都应当是春晖，给别人以温暖。

沈韦宁

2019 年春日

寄语小作家

用明亮的眼睛认真观察，
用灵动的笔触仔细书写，
用真诚的心灵投入体验，
懂得感恩　懂得敬畏
你肯定会拥有才华和灵感。

高洪波

2019年3月13日
题于北京春色中

茅盾青少年文学院第一届征文活动

桐乡少年作家营留影

青少年文学院的

青少年文学院的小作家们
思辨之星
闭幕仪式

TO BE A TALENT WITH VIRTUE AND ERUDITION

青少年文学院的小作家们来
创意之星
闭幕仪式
闭幕仪式

青少年文学院的小作
文学写作之星
闭幕仪式

>>> 目　录

第二部分　一块蓝印花布

·前言　有梦的孩子总会相遇·

1921 年 4 月 10 日，茅盾先生发表《小说月报第一次特别征文》启事，《小说月报》自此成为我国新文学发轫的阵地。

97 年弹指一挥间，中国社会已经发生了翻天覆地的变化。近一个世纪后，2018 年 4 月 10 日，“茅盾青少年文学院”启动仪式在京举行，中华文学基金会与学而思大语文共同宣布，将合作共建茅盾青少年文学院，将茅盾先生的文学倡议，继续在新一代青少年群体中延续下去。

茅盾青少年文学院将立足于茅盾先生的故乡——浙江桐乡乌镇，面向全国范围发掘并培养新一代文学新人，利用中国作家协会丰富的作家资源，激发写作兴趣，引领写作实践，鼓励写作梦想，给青少年文学写作以有益指导。

与此同时，面向贫困山区青少年的公益帮扶行动也同步开启。十位来自大山，甚至从未离开过家乡的孩子，在学而思的资助下，与其他从征文活动中脱颖而出的同龄人一起，千里迢迢奔向茅盾先生的家乡，去圆一个属于自己的梦。

早在少年时期，茅盾先生就立下了远大的文学志向。他曾借庄子《逍遥游》之典，撰写题为《志在鸿鹄》的习作，表达其少年壮志，也因此被老师评价为“将来能为文者”。因此，茅盾青少年文学院的首届征文，便以“礼赞青春，志在鸿鹄”为总主题，诸多优秀征文的小作者们也亲身来到茅盾先生的故乡，寻找他们的童年往事，让自己的文学梦与茅盾先生的少年志向交相呼应。

在短短七天时间里，孩子们领略了江南水乡的秀美风景，体验了桐乡各式非物质文化遗产的深沉底蕴，更在茅盾、丰子恺等名人故居徜徉流连、乐而忘返。在他们的笔下，我们看到了不同于课堂上那些作文套路的别开生面，也深刻地感受到“读万卷书更要行万里路”的重要意义。

无数的文学梦在这里汇聚和碰撞，产生出灵感与创意的火花。这让我们由衷地感慨，在过去的日子里，这些会做梦的孩子散落在祖国大地的各个城市里，在自己的小天地里默默地成长着，或许不为人知，却总会有一个契机、一段旅程，让他们会聚一堂，明白彼此都并不孤单。

茅盾青少年文学院正是这样的一个舞台，一次相遇，一段回忆。他们带着这些宝贵的相聚记忆回到家乡后，还能持续从中得到坚持梦想的力量。

>>> 第一部分　会做梦的人

·导　语·

七八岁以至十一二，大概是最会做梦最多梦的时代罢？梦中得了久慕而不得的玩具；梦中居然离开了大人们的注意的眼光，畅畅快快地弄水弄火；梦中到了民间传说里的神仙之居，满攫了好玩的好吃的。当母亲铺好了温暖的被窝，我们孩子勇敢地钻进了以后，嗅着那股奇特的旧绸的气味，刚合上了眼皮，一些红的、绿的、紫的、橙黄的、金碧的、银灰的，圆体和三角体，各自不歇地在颤动，在扩大，在收小，在漂浮的，便争先恐后地挤进我们孩子的闭合的眼睑；这大概就是梦的接引使者罢？从这些活动的虹桥，我们孩子便进了梦境；于是便真实地享受了梦国的自由的乐趣。

……

能够真心地如实地享受梦中的快活的，恐怕只有七八岁以至十一二的孩子罢？在大人们，谁也没有这等廉价的享乐罢？在我尖锐的理性，总不肯让我跌进了玄之又玄的国境，让幻想的抚摸来安慰了现实的伤痕。我总觉得，梦，不是来挖深我的创痛，就是来嘲笑我的失意；所以我是梦的仇人，我不愿意晚上再由梦来打搅我的可怜的休息。

——节选自茅盾《严霜下的梦》

（原载 1928 年 2 月 5 日《文学周报》第 6 卷第 2 期）

正如茅盾先生所说，七八岁至十一二岁的孩子们，依然还“会做梦”。他们还没有因长大成人后的理智失去幻想的能力，还没有因现实生活的压力而失去快乐的源泉，也无须为旧中国在风雨飘摇中的前途命运而担忧苦痛。或许孩子们还不懂得身处一九二八年的茅盾先生为什么要写这样一篇文章，但他们已经可以开始在新的时代中书写自己的梦了。

首届茅盾青少年文学院的征文主题始终围绕茅盾先生的故乡与童年展开。继公开海选采用“礼赞青春，志在鸿鹄”为主题进行文章征集后，第二轮征文将着眼点放在茅盾先生的作品中，要求同学们以《会做梦的人》为标题，或者以“梦”为主题展开想象，进行写作。

在这些作品中，我们可以看到孩子们蓬勃而多彩的想象力，偶尔也会为他们的“深沉”和“严肃”而惊讶。更重要的是，在自由的书写中，他们充分展示了自己的情怀、理想与真诚的内心世界。

1. 会做梦的人

杨睿平　杭州市学正小学

茅盾先生说了："七八岁以至十一二，大概是最会做梦最多梦的时代罢。"这样说来，我也算是个会做梦的人，是"如实地享受梦中的快活的"人。但已然十二岁的我，却常在幻实之间彷徨地徘徊着……

黑　洞

四月时，霍金先生去世了。打开手机，有关霍金的文章铺天盖地，如八月十八钱塘潮一般涌向我——其中也不乏霍金关于黑洞的理论。

看完霍金的观点，我那已泯灭的对黑洞的幻想又如雨后春笋般生出来。我头一次对黑洞狂想得那么深，那么久，无时无刻不在幻想。

"假如被黑洞吸入会怎么样？"一周前的一晚，我关上灯，对着黑森森的房间，我兀地生出这个想法。

"太愚蠢了，谁都知道被吸入黑洞会粉身碎骨。"我在心里摇了摇头。

"假设不会呢？"

"不可能！"

……

我就在这样喧闹的争吵中跌跌撞撞地走入了梦乡。

这是怎样奇特啊！我没穿宇航服，轻盈地在太空中飘浮，如一片小羽毛。四周是深邃的黑纱，蒙在宇宙上，点缀着莹莹的钻石，发着璀璨的亮光。

一颗彗星飞过，我顺手一搭，搭了个顺风车。

顿时，宇宙成了一片真正辽阔无垠的大草原，我驾着速度如骏马般的彗星，在星空下驰骋，扬起滚滚“尘土”。我们飞掠了天津四、心宿二、水委一，向半人马星座进发。

突然间，我感到自身奇沉无比，彗星的速度也快了好几倍，如野马脱缰，向前方的一个大黑洞径直冲去。

我试图悬崖勒马，可做不到！这彗星疯了似的，开足马力，咆哮着冲去。彗尾被拖得长长的，那样白，像黑板上的一道白粉笔迹。

这大概是最壮丽的景象。

一秒后，我与彗星被吸入了黑洞。我看见彗星被撕裂成几兆亿个微小的碎片。

之后，一片黑。

梦结束了！

在宇宙外

几秒后，一切变白了。

我睁开眼，这是什么地方？几十亿个气泡在半空悬浮，直径约两米。在里面黑漆漆的，但无一例外都有星光的点缀，像被灯光照射的迪斯科球。在它们的外面，只一片全白的世界，没有一点杂色，清亮洁净。同样，但更有一种空旷感——区别于三维的空旷感。

在这里，我找到了宇宙。它同样是个气泡，一个小洞把附近的物质喷出来。

黑洞向高维？

我又看到了那几十亿个气泡，发现都差不多。不论形状还是样子，都与宇宙十分相似。我又张望了一下，发现中间的一个金色的小表。

我好奇地转动它，那几十亿个小球变小了，往反方向转动，气泡又恢复如初。

这是个无限维空间。

在这里，有无限个平行宇宙——我所见的不过是冰山一角。那个金表，可能是掌控所有平行宇宙时间的。

我扔开金表，在这无限维中漫游。每个宇宙现在都如一个生态球，演绎它的精彩。

多么奇妙……

床上。

当我睁开眼，醒过来，一点弱弱的光照入房间中。

“那个梦，多奇啊！”我吟诵般地说着。

“那是不可能的。”理智对我说。

“怎么不可能？”

“有理论框架吗？有理论基础吗……”

听着内心的争吵，我苦笑了一下。

拉开窗帘，晨光温柔地洒下来。

看来我也无法尽情地享受这梦的乐趣。

★作家点评★

小作者带领读者在梦中遨游，在天马行空的想象力中，宇宙、彗星、人马星座、黑洞，纷至沓来……在这引人入胜的梦幻体验中，既有知识，又有趣味，展示了小作者对科学的兴趣。文章取材新颖，文理通顺，用词生动，详略得当，在这个年龄的作者的作品中可以说比较完整，是一篇脑洞大开、颇具匠心的作品。

2. 会做梦的人——我变成了塑料袋

史沁琳　咸阳市文林学校

月亮悄悄地爬上树梢，给大地洒满银色的月光。我躺在床上甜甜地进入了梦乡。我梦见，我在梦中变成了一个“塑料袋”。

在一个寒风凛冽的早晨，天刚蒙蒙亮，我就随着妈妈来到菜市场买菜。刚过了一会儿，妈妈就来到摊位前，挑了四根黄瓜。只见妈妈麻利地撑开了我的“肚皮”，把黄瓜放了进去。

一路上黄瓜的刺扎得我浑身难受，我那纤细的“胳膊”也经不起如此沉重的折磨，不久就裂开了一道小小的口子。我一路咬牙坚持着，但“祸不单行”，一不留神，我那单薄的“肚皮”居然被尖尖的黄瓜顶破了，黄瓜接二连三地掉到地上，妈妈无奈，只好把黄瓜塞进皮包里，而我则被无情地丢在了路边。

正当我悲伤叹息暗自落泪时，对面走来一个纸袋。我正想找他诉苦，他却凶巴巴地对我说：“快滚开！”我气愤地回答：“凭什么？这路又不是你家的！”谁料他却轻蔑地说：“你对环境的污染那么严重，为人类作出的贡献又那么渺小，还好意思跟我争，难道你不知道国家去年就颁布了‘限塑令’吗？哼！你根本就没资格跟我抢路。”听了他的话，我的心仿佛跌进了山谷，痛到极点。

是呀，我的“体质”如此差，连帮助人类拎一次菜的心愿都无法实现，真是无颜活在这个世上了。见我沉默不语，纸袋不由地露出了得意的神色。这时，走过来一位捡垃圾的老大爷，他毫不留情地从我身上踩了过去，然后捡起了纸袋，装进他的大口袋，转身离去。我完全陷入了孤独无助的境地，心情就像汹涌的激流，激荡起伏。我为什么不能成为环保袋，不能二次利用呢？难道我真的一无是处，只能做环境的破坏者吗？我多么希望人们能将我送到垃圾回收站，然后把我加工成结实耐用的塑料袋，让我为人类多做几次贡献！可惜我的力量太小，分量太轻，只能沦为“流浪儿”。假如人们依旧这样不重视我们塑料袋家族，地球会因为我们而缩短寿命，人类的生存环境也会因为我们而变，变得更加恶劣。我真的不想成为地球的公害啊！想到这里，我伤心地哭了起来。

天渐渐亮了，环卫工人开始打扫卫生了，我和其他的垃圾被扫到了一处。突然，一阵风吹来，我又被吹到了别处，环卫工人急忙追上来，把我重新捡起来放到了垃圾堆上，然后划燃一根火柴丢到了我的身上。我的身体立刻缩成了一团，几秒钟后变成了灰烟，而我的灵魂则化成了一缕青烟，飘到了遥远的高空，我仿佛获得了自由。

“丁零零”闹钟响了，原来这只是一场梦！这个梦使我想到每个人都有责任保护我们共同的家园，让我们都从自我做起，时时刻刻注意环保！让我们真心地善待我们的地球母亲，努力去珍惜，努力去爱！

★作家点评★

小作者将自己假想成一个塑料袋，既符合“会做梦”的主题，又展示了充沛而合理的想象力。文中写出了塑料袋的所见、所闻、所感，平实、恳切、动人，读来感同身受，扣人心弦。作品借做梦为由，关注现实，又拔高到环保的主题，选材朴素、巧妙，和生活息息相关，容易引起共鸣，有情感的力量，具有积极的现实意义和高洁的价值取向。

3. 会做梦的人

郝璞杰　西安市临潼铁路小学

“有请下一位挑战者郝璞杰上场！”主持人董卿满脸笑容地说道。我自信满满地走上台，闪光灯全部聚集在我身上。第一次走上这样阵容庞大的舞台，和几位嘉宾老师这样近距离地接触，我不免有些紧张。

答题开始了，我凭借丰厚的诗词储备量，一路“过五关斩六将”，答对了全部九道题，居然闯到了“飞花令”环节。主题字是“情”，我和对方棋逢对手，将遇良才。“两情若是长久时，又岂在朝朝暮暮？”我脱口而出，说完后我感到不太对劲，这才意识到我把“久长”说成“长久”了，可惜时间已到，我一下子怔住了，惊出一身冷汗……

“天哪，怎么会犯这样低级的错误？”我大声喊道，睁开眼睛，眼前一片漆黑。夜色笼罩着整个房间，一切都静得出奇，只听见钟表的滴答声。原来是一场梦，真是虚惊一场！真是“日有所思，夜有所梦”，看来我想参加央视诗词大会的梦想已经在心中生根发芽！

连续三季的大型文化节目《中国诗词大会》，以其独特的魅力吸引了无数观众的眼球。我和爸爸妈妈也不例外，翘首以待，每场必看。武亦姝、彭敏、陈更、雷海为等实力派选手庞大的诗词储备量和精彩的表现令我心服口服，十分羡慕。尤其是他们在“飞花令”环节中镇定自若、信心百倍，反应敏捷、脱口而出的状态，更使我为之惊叹与震撼，我梦想有朝一日，也能成为他们那样的人！可我深知，我不能只羡慕这些选手们舞台上的光环与掌声，更应该懂得他们背后所付出的艰辛与汗水。

从那以后，本来就喜欢诗词的我对中国古典诗词更是情有独钟，经常利用课余时间读背一些脍炙人口的名篇佳句。并且，我和爸爸妈妈还时不时地进行“家庭飞花令”比赛。

这不，今天“家庭飞花令”的主题字是“人”。听到这个主题字，我心里暗叫不好，因为含有“人”的诗词相对少一些。于是我的大脑高速运转，快速搜索。我正想着，就听爸爸凄凉地道来:“帘卷西风，人比黄花瘦。”(顺便说一下，我们“家庭飞花令”的顺序是一开始就定下来的，爸爸先说，妈妈其次，我最后。)爸爸的话音刚落，妈妈也接着说道:“人有悲欢离合，月有阴晴圆缺。”看来都挺厉害啊，“来者不善”，我也不甘示弱，脱口而出:“落花人独立，微雨燕双飞。”一轮完毕，第二轮比赛继续。爸爸说:“莫愁前路无知己，天下谁人不识君？”妈妈说:“江山代有才人出，各领风骚数百年。”我说的是，“人闲桂花落，夜静春山空”。

两轮过后，我们三人已经说了六句诗，我的大脑一片空白，似乎想不出来了，心里有点紧张。不过还好，现在不该我，说不定爸爸妈妈也“燃尽”了，大家就是平局。“大江东去浪淘尽，千古风流人物，”只听爸爸豪情壮志地说。爸爸刚说完，我便茅塞顿开，像抓住了一根救命稻草一样，紧锁的眉头舒展开来。原来，爸爸刚才说的一句中“人物”一词提醒了我，使我想起了毛主席的《沁园春·雪》里的“俱往矣，数风流人物，还看今朝”。谢天谢地，谢谢老爸！我正等着妈妈说完后道出这一句，没想到刚才还神采奕奕的妈妈此时冥思苦想，抓耳挠腮，最终宣布认输。接下来，就是我和爸爸的较量了！

“起舞弄清影，何似在人间？”“但愿人长久，千里共婵娟。”“浮云游子意，落日故人情。”“柴门闻犬吠，风雪夜归人。”

我们俩你一句我一句，虽然没有诗词大会上选手们那样流利自如，但也挺像回事，我的心里充满了成就感和自豪感。这时，爸爸说道："蓦然回首，那人却在灯火阑珊处。"当爸爸说完这一句时，我的脑子又"短路"了，还好，想了半天终于从杜甫的名篇《兵车行》里冒出一句"车辚辚，马萧萧，行人弓箭各在腰"，然后得意地看着爸爸，心想：该说的都说完了，看你还能说出哪句来？没想到爸爸哈哈大笑："谢谢你的提醒！"看我还不太明白，爸爸这才解释说我刚才的诗句里有"行人"一词，使他想到了"清明时节雨纷纷，路上行人欲断魂"！天哪，经常挂在嘴边的诗句都忘了，还让爸爸捞了个便宜。此刻的我完全松懈，无力挽回局面，甘拜下风。

后来，我们又查阅了资料，互相补充，互相学习，一家人欢声笑语，其乐融融！每当此时，我觉得既快乐又兴奋。因为"家庭飞花令"使我从娱乐中汲取到了知识，增长了学问，为实现我的梦想打下了基础。

会做梦的人，是有梦想的人。有了心中的梦想，就一定要付出实际行动，为之努力。

★作家点评★

文章由"我"在《中国诗词大会》犯了低级错误的梦中惊醒开始，铺展开小作者对中国古典诗词文化的情有独钟，课余时间的背诵、在家和父母的"家庭飞花令"竞赛都写得活泼而抓人……借由失误的噩梦展开，又通过踏实的努力得出有了梦想就要付出实际行动的结论，行文完整而条理清晰，紧扣征文主题，贴切而不牵强，正面阳光，展现出小作者健康向上的心灵世界。

4. 会做梦的人

胡源鹏　无锡市扬名中心小学

人可求而不得，可欲而不享，不混世俗芳尘，逍遥灵台方寸之地。“此谓何地何物？”问之，不知所云也。

夜已至深，人欲眠，则飘飘入其间。于世何所欲？何所求？何所畏？何所惧？此间欲则可求，畏则可弃。而欣然起立，只可见家徒四壁，不见其间之物也。如此则世谓大千世界，其间谓小千世界矣。小千世界万物皆有，欲与友同戏浅水，则友即至；欲与士讲经论道，则士即见。小千世界之物，似可触，然黎明即起，已无此物矣。然小千世界之物、形、人，何所似？似铜镜中人，可有所动作，神貌皆似，似是而非。然镜中人如行尸走肉，可拟他人不可自拟也。似大千世界之人，可有所触，人亦非行尸走肉，有思有行，似胜之。然大千者，欲得之物不可得，欲弃之物而不弃，非可拟也。小千者，欲速可达，欲求可得。虽于世不可享，于其间亦可及时行乐。人眠则入其间，何也？小千之世，人之所欲之地也。可化虚为实，化假为真，世之不可之物于小千世界皆可。人问曰，清白者犹死不瞑目，苍生犹深陷水火，小千者何用？曰：小千者皆无此用。人虽起，然小千之乐犹存，有此乐，乃有欲以救苍生；有此欲，乃运力而济世，则国泰民安，安居乐业，岂非良策？小千世界有助于躬行，有利于苍生耳。

小千世界虽缥缈虚无，深不可测，然激人奋起，助人留名青史矣。

★作家点评★

人无论长幼，皆有梦境。而论梦者，不多见也。此胡源鹏小童，顽童乎？神童乎？

一阕“梦论”，说纷繁人世之大千世界，说缥渺梦幻之小千世界，说人生与梦，说人生如梦，说人生凭梦而乐，说人生依梦而行，且悠然放达人生，又不乏家国情怀，娓娓讲来，头头是道，言简意赅，思维严谨。小小年纪，之乎者也，初看似有“转”文之嫌，细读方觉实属不易，颇值一赞。

5. 会做梦的人

彭睿扬　武汉理工大学附属小学

从高空俯瞰，武汉是一张丰腴温润的脸。湖泊，是璀璨的明珠，散布在大江两岸。波光荡漾的湖水，一定是每个武汉人灵魂的底色。

我在湖边出生，湖边长大。晴天的日子里，每个清晨，一轮朝阳从水面冉冉升起，霞光万道；湖面倒映着蓝天白云，湖畔柳枝倒垂，鱼儿从水面跃起，虾蟹在岸边自在招摇，周边的人民富足安康。这样的清晨、这样的霞光、这样的湖光山色，深深地印在了我的脑海中，一次次地出现在了我的梦中。

然而，不知道为什么，湖泊周围渐渐地响起了打桩声。从此湖泊不再欢歌，鱼儿也不再欢跃；湖泊被驱赶、被侵犯、被围猎。一道道锁链无声地套上了湖泊那无辜的颈项，扼住了她们的咽喉；不论如何挣扎，锁链越来越粗壮，深深地陷进她们的肌肤。曾经震动广袤森林和草原的血腥枪声，仿佛又在湖边响起。她们苟延残喘，惊恐万状。

那时的我，梦中依然是清晨的万丈霞光，依然是湖边的青青杨柳……

我九岁那年的夏天，武汉接连下起了大雨。一场场暴雨，唤醒了沉寂的湖泊之魂，她们一往无前地奔涌，冲刷着每一寸失去的土地；她们流淌在街道上，柔和地祭奠被掠夺的身躯；她们仿佛是在提醒我们，万顷湖水才永远是我们的血脉。

那场雨让我离家月余，因为我的家已浸泡在水中，成为湖泊之魂的祭品。我很难过，不是因为我不能回家，而是因为湖水无奈地用这种方式愤怒地提醒我们：我们脚下的这片土地，曾经是一片淡蓝的湖泊！

那年的我，梦中不再是霞光与杨柳，而是一望无边的湖水在荡漾着、荡漾着、荡漾着……

如今时过境迁，湖水早已安静地退回湖泊中，一切又恢复了欣欣向荣的繁忙。但我相信，在我的心中，不管梦到怎样繁华而发达的大武汉，那波光荡漾的湖水，永远永远，是无法抹去的底色。

★作家点评★

小作者熟练的修辞能力让人印象深刻，然而他并非天马行空地沉迷于修辞，而是深情地将它们用于对儿时故乡风景的描摹。城市飞速发展，湖泊不断“被驱赶、被侵犯、被围猎”，面对面目全非的湖水，连小小年纪的小学生都开始了怀旧。小作者以深切的情感呼唤着对自然的爱，触碰着环保的主题，有少年的天真，也有少年的忧思，是一篇真挚动人又不乏深刻的作品。

6. 会做梦的人

朱敏越　北京市光明小学

“人固有一死，或重于泰山，或轻于鸿毛。而我，不要泰山也不要鸿毛，我只要那多彩的梦伴我地久天长。”他在日记本上奋笔疾书，流泻下内心的感触。

他是一个多灾多难的少年，十岁已成了绝症患者，尽管他靠着对世界无限的热爱与留恋，生命时间大大超出了医生所说的生命限期，但十六岁的年纪毕竟是强弩之末，虽然在等器官移植，但一直没等到。他自己都承认，自己的时间要到了。不知从什么时候开始，他开始变得孤独且多愁善感起来，整日与梦为伴，还说“只有在梦里才能永驻人间”。

心灰意懒的他合上日记本，把身上的白衣轻轻拉了拉，即便命不久矣，他还是要照顾好自己的。接着，他趴在桌上，很快进入了梦乡。

梦中，他变成一只兔子，一只饥肠辘辘的兔子，在高山的雪地上觅食。北风呼啸，卷起一团团洁白的飞雪，如一个个漩涡卷过大地，在他的身边盘旋，似乎要把他带走，但他努力挣扎着，使漫天大雪吞噬不掉他。远处，白茫茫的雪地上突兀地长着许多枯死的灌木，他们不断挥舞着枯槁的手臂，像是在嘲笑他的懦弱。他愤怒了，站起身来飞速地越过雪地，他紧紧地闭住耳朵，隔绝那些不怀好意的声音，他在心里不断地给自己打气：“加油，别放弃，希望永远都在！”

就在这气宇轩昂的鼓励声中，书桌上的他渐渐醒转，短短的一个梦，又引起了他的触动。他打开日记本，继续写道：“不过，有多彩的梦，何必要死呢？绝症又不是绝命，世界一直充满了奇迹，不是吗？希望一直都在，不是吗？”

梦还在继续，他在雪地上继续飞奔着，一路上，他看到了许多小动物，感触颇深。在厚厚的雪堆里，他看到了四肢僵硬却依然拼命挣扎的小狼；在低矮的灌木下，他看到了被树刺到却依然奋勇向前的狐狸；特别是在雪地的尽头，他看到了自己的同类，一只倒毙荒野却依然面向太阳的小兔子。这时，他在日记本中记下的已经不是鼓励，而是赞叹：“还有那么多比我更艰苦的人呢，我怎么能绝望呢？”

接下来，他进入了梦的高潮。他终于找到了一棵核桃树，那挺拔的树干成了风雪中最靓丽的景色。他冒着眼前的鹅毛大雪，飞快地跑了过去，迫不及待地摘下了一颗核桃。刹那间，风雪一下子停了，惨白的雪地融成了翠绿的草坪，冰冻的溪流化为了流淌的清溪，夹着花影隐居多年的太阳终于回到了树梢，枯死的灌木瞬间获得了新的生机。一瞬间，整个世界都变了，因为一颗核桃，一颗百折不挠换来的核桃，一下子春回大地。这就是希望的力量啊！

在绿意的簇拥下，他又醒了过来，这一次，他没有再写什么，因为再也没有什么文字能表达他此刻的心情。他急跑出门，用整个身心欢呼着，几个月的绝望一扫而空，他的希望为他赢得了第二次生命！

几个星期后，奇迹出现，他康复了。在他出院的那天，他站在医院门口，说了一番话：“梦里有希望，而希望就是梦。梦该成为所有人的财富，从今天起，我希望大家都做一个会做梦的人。”

★作家点评★

一个身患绝症的少年，一只雪地中绝地求生的兔子，断断续续，现实与梦境双线并行。小作者将绝症少年和饥寒交迫的兔子互相映衬，少年与兔子都因为坚忍不拔而有了性格魅力，以梦境观照现实，引申出一种虽艰难却不放弃的昂扬斗志。故事虽然稍显单薄，却显示出小作者的善良向上，文章的主题突出，故事的结局温暖、明亮，有情感的力量。

7. 会做梦的人

金旻哲　苏州市苏苑实验小学

《二草原》中写到，睡眠是舒缓人在生死国度中唯一的方法，梦境则是上帝给人类的馈礼。做一个会做梦的人，这梦可以是白日梦，亦可以是空想的梦，可是，何为会做梦？

我在宣纸上洋洋洒洒写下八个大字：“以梦为马，莫负韶华。”

嵇康是一个会做梦的人，自己将要临死前，奏出了一曲《广陵散》，这乐曲我虽然没有听过，可是我却能理解，因为我吟诵过他的诗：“翩翩凤翮，逢此网罗。”他的梦中，他是翱翔乱世的火凤。所以这乐曲一定在优美中有一丝激荡，他不负此生。

庄子是个更会做梦的人。他梦蝶，分不清红尘梦境，他梦见归隐山林的清幽，厌倦乏味的官场，他梦见广阔的天地，鲲鹏万里遨游飞翔，可惜天地容不下他。他的文字，一定带有忧郁伤感，可是却能为我们带来他奋斗的心境。他亦不负此生。

我是不是一个会做梦的人呢？

曾经，我做过一个梦。我回到遥远的古代，骑着一匹快马，背着一把宝剑，左手持着诗文，右手持着马鞭，“踢踏踢踏”的马蹄愈加强烈。我不来仗剑行侠，而是来文期酒会上挥剑吟诗，评一评《八声甘州》，道一道《扬州慢》。我一拂袖，发现已经来到约定的地点，喝上一壶酒，聊上几个时辰，与友人不醉不归。

后来，我醒了，看着眼前的都市，竟有些恍惚。我，真的是一个现代人吗？我看着我的左手，正捧着一本王国维的《人间词话》，看来，是睡去了。可是，为什么我所经历的一切，都那么真实，我就是该走文学这条路。哈哈，“昨夜西风凋碧树，独上高楼，望尽天涯路”，这就是梦的基石。后来，我又迷上了柳永，我就尝试着用王国维的笔法再去描绘一下我最钟爱的词《凤归云》，可是我却一无所获，这样太难了，当时何况我还在读五年级，什么书都看，对一切都十分自信，可是我收到的退稿信也不只一封。我不但要重写那么多的文章，还要在各个学科之间保持平衡，毕竟我小学就偏科了。我纵使再会做梦，也不过是妄谈。那为柳词写评论的梦，也就这样搁浅了。可是，我仍记得，这个想法，是源于一年前的梦。

在一次次玩弄文字失败的挫折中，我体会到了要做一个会做梦的人是多么的难。儿时的我不懂，文学不一定要洋洋洒洒一挥而就，而要注入思考，写出许许多多有灵性的文章。

后来，我的一位教美术的老师用一块黄杨木雕刻了一位渔翁的像送给我。那渔翁双眼里充满了渴望，微微眯起来，好像看淡了世事浮尘。虽然说渔翁渴望钓到大鱼，可是我从他身上读出更多的是坚定和脚踏实地。他的斗笠歪斜，身体修长，虽说是坐着，可是也能看出他很清瘦。那是一位饱经沧桑的老人，他的手雕刻得十分粗糙，远观像是好久没有钓过鱼，很兴奋激动，双手微微颤动的样子。

“驱驱行役，苒苒光阴，蝇头利禄，蜗角功名，毕竟成何事，漫相高。”我不由自主地吟诵起了好几年未读过的《凤归云》。此时，已是深夜，我睡去了。

做到一个梦，我写了一部作品，出版了，讲的是一本带着《柳永诗集》的老人，默默退出了官场的钩心斗角，最后归隐太湖畔垂钓的故事。这个梦正由那座雕像引发而来。

第二天我醒来，把那个渔翁的雕像带到了我的书房，开始写起了关于他的作品。我花了好几个月才写完了这篇很短的小说《未酬》。但是写完后，我的心就如同止水一般平静，我是真真切切地体会到了《凤归云》的含义——那是一种发自内心的、极为强烈的苦痛，它使你悲伤到极点，愁苦到极点，又突然把你的心安静下来。过了几个月，我又用王国维的笔法，用文言描绘了我所看到的，词中的深刻意义。这两部作品，加起来不过一两万字的作品，却把我梦中的意境描绘到了极致，这是我青春年少，最值得回忆的作品。

我是个会做梦的人，在梦里我可以深切感受到身边的变化，更重要的是，我从梦中找回了自信，找回了原来的自己，脚踏实地，坚定不移。

梦，深，处，凤，归，云。

★作家点评★

文章天马行空、纵横古今，能看出小作者对中国古典文学颇有兴趣和心得，嵇康、庄子、柳永、王国维等等都信手拈来。从旁征博引中看出小作者的阅读量和志趣所在，例证恰当，详略得当，显示出不错的结构能力。同时也写出了自己写作时的思索和体会，能结合自身，使文章更容易引起共鸣。希望小作者自信之余能更脚踏实地，从古典文学中汲取更多养分。

8. 梦里故事

孙浚毅　上海市师专附小

“小伙子，来来来，到这里来，奶奶给你讲一个故事，这个故事啊……”

我看到那个老奶奶向我招手，她咧开嘴笑着，脸上的皱纹便堆到一块儿，我想，那是岁月的风拂过她的脸留下的痕迹，攒满了年轮的刻印。

现在啊，她说要同我讲一个故事。

老奶奶摇晃着蒲扇，穿着一件花背心，坐在矮矮的小小的木头凳子上，同我慢慢讲着——

小伙子啊，你晓得这是什么地方吗？哦，你背着包，估计是来旅游的，那定是知道了，这石库门啊，我以前是待过一段时间的。那时候的上海，没有这么多大高楼，没有这么多车，人们走得很慢，生活走得很慢，一切都慢。东边儿的老王家新娶了个媳妇儿，那新媳妇儿啊，泼辣得很，每回来我家借酱醋都要在门口吼一嗓子，吼得整个弄堂都听得清楚……哎，小伙子你是不是不乐意听？我也晓得的，你们年轻人啊，哪里懂我们哦！

老奶奶又摆了摆手，叫我离开，我冲她笑了笑：“奶奶您说便是，我自然乐意听的。”老奶奶叹了口气，又说道：“那几十年啊……造就了我们这些人，从弄堂里走出来的这些人。”

老奶奶又叹了一口气，不再说了。

我蹲下身，伸出手摸了摸脚下的青石砖，当年的王家媳妇，是不是就站在这里问邻居借酱醋？我站起身，接着往前走，忽地我就看见一扇破破旧旧的木头门。推开那扇门，我仿佛便看见弄堂里的阿婆们摇着和老奶奶一样的蒲扇，穿着和老奶奶一样的花背心，坐在那矮矮的小小的木头板凳上面，一点点芝麻琐事便能谈上个一下午。我再往前走似乎就能看见谁家的主妇正同那小商铺的老板娘闲聊着："今天的盐可不可以便宜些……"

那时车马很慢，书信很慢，一切都很慢，弄堂里的人们煮着今天的饭，油锅里是"刺啦刺啦"的声音，我同你道一句，你同我讲一声，不需要手机，只要吼一嗓子，就像王家媳妇那样，吼一嗓子就行。

我再定睛一看啊，就只剩房子了，老奶奶也不见了。

★作家点评★

一个在石库门讲故事的陌生老奶奶，将主人公带回过去的慢时光，恍恍惚惚中老奶奶不见了，一切似真似幻。故事与征文精神结合得比较巧妙，故事仿佛发生在梦里，可见构思也花了一番心思。但是小作者处理得稍显简单、想当然，故事展开得不够从容，结尾也有些仓促。希望今后可以更沉稳、有耐心，更加收放自如。

9. 会做梦的人

顾乔木　杭州市学军小学

翱翔天际是飞鸟的梦，叫醒春天是小草的梦，畅游大海是鱼儿的梦……

“爷爷，你有梦吗？”记得小时候，我仰着头问爷爷。

爷爷认真地想了一下说：“孩子，每个人都有自己的梦。我的梦啊，就是咱们家的都是乖孩子。”爷爷用温暖的手抚摸着我的头，慈祥地笑着。

爷爷不认得几个字，讲不来大道理，更不会讲“孔孟之道”“经史子集”之类的故事，但他的梦通俗易懂。因为爷爷，所以全家时时刻刻都记得爷爷的梦，并努力去做个乖孩子。每当家里有好吃的时候，咱们家从不争从不抢，总是你推我让；每当朋友们遇到困难时，咱们都尽力去帮助他们。咱们家的人坦荡真诚，爱手足、爱朋友，于是，我们总是能看到爷爷在满意地笑。

渐渐地，我长大了。我看到顶着烈日奔波在河道边的爸爸，看到修改图纸到深夜的爸爸，看到天刚亮就起来读书的爸爸，我忍不住问他：“爸爸，你是一个会做梦的人吗？”

爸爸意味深长地笑了：“你是在问爸爸的梦想吗？”

“嗯！”

“爸爸的梦啊，是治水梦，是让杭州的河道全都变成清澈的，成为中国的最美。”

“杭州有这么多的河，都能变得清吗？”我疑惑地问。

“孩子，梦想有多大，世界就有多大。爸爸相信，只要一直在努力，梦想就有实现的那一天！”我发现，那一刻爸爸的眼睛在闪闪发光。

家门口的小河变清澈了，杭州的“五水共治”走在了中国的前列，中央电视台、浙江电视台、《浙江日报》《杭州日报》上都出现了爸爸的名字，我为爸爸而自豪，我见证着爸爸为梦想而努力，我见证着爸爸的梦想一点一点成真。

夜深了，晚风习习，仿佛在问我：“你的梦呢？”

我陷入了沉思……我也有我的梦，在我的梦里，有云计算、有大数据，还有物联网……那是一个包含城市管理与信息发布、电子购物、网上医疗、网络教育、智慧交通与智慧农业的走在世界前列的信息化中国。我坚信这个美好的蓝图并不遥远，只要从我开始，脚踏实地，努力做好每一步。

我翻开了床头那本 C++ 的书……我相信，这一天一定会到来，很快就会到来！

做一个好人是爷爷的梦，“五水共治”是爸爸的梦，信息化的中国是我的梦……

神州大地上，有着许许多多会做梦的人，让我们携起手来，共圆我们的家国梦！

★作家点评★

小作者写了爷爷、爸爸和我一家三代人的梦想。慈祥的爷爷、热忱执着的爸爸和襟怀远大的我，家风纯正，理想高远，一家几代人的精神传承令人动容。只是朴素叙述三代人的梦想，已经显示出了小作者聪明才智和对祖国的责任感。文章立意端正，歌颂奉献，传播正能量。只是有时候过于宏大的题材，看不出真性情。希望小作者永葆童心，尝试更活泼、率真地写作。

10. 期待梦中再见您一面

向哲皓　武汉市育才实验小学

每个人都会做梦。有的梦是美梦，甜甜蜜蜜、令人回味悠长；有的梦是噩梦，惊恐万分、让人逃之夭夭。我的梦，是思念的梦，梦中有我亲爱的外婆。

每年冬至到了，都使我思绪万千、深情缱绻，我常常在梦中见到外婆。因为冬至会让我想起外婆包的汤圆，那特别的滋味儿是现在满大街的麦当劳、肯德基无法取代的。外婆是宁波人，宁波汤圆驰名九州。北方人冬至吃饺子，南方人冬至吃汤圆。记忆当中的小时候，冬至吃外婆包的汤圆是最幸福的味道。

外婆不在了，每逢冬至，我都会怀念外婆的味道。现在，好吃的东西那么多，但是外婆包的汤圆，再难找到了。

冬至令我伤感，而思念的梦让我欣喜。

剥开梦中的层层迷雾，外婆开始做汤圆喽！只见外婆挽起袖子，用黑得发亮的小发卡，把已经开始“飘雪”的黑发别好，耐心地磨糯米。调皮的我，嚷嚷着要玩那个小石磨。面对我的“干扰”，外婆慈爱地微笑着，用会说话的大眼睛宽容着我、疼爱着我。

“外婆，那个黑黑的是什么呀？”

“这个呀，这个是黑芝麻。”

“那它有什么用呢？”

“我们把黑芝麻磨碎，然后加上香甜的糖桂花，就成为美味的汤圆馅了。”

外婆准备好了白白的糯米皮、黑黑的芝麻馅，开始包汤圆。我也忙不迭地瞎掺和，结果包得七棱八角、东倒西歪，我和外婆笑作一团。宁波汤圆特别大，在我眼里它的大小都快赶上“狮子头”了。外婆用她那双因劳作而粗糙、青筋突起的手娴熟地搓着汤圆，幼小的我只感觉到有趣。和外婆一起包汤圆、煮汤圆，烟雾蒸腾、香气弥漫。看着她忙碌的身影，我手舞足蹈地期盼着好吃的。

这是在梦中吗？外婆的音容笑貌为什么清晰可见、栩栩如生？我为什么突然变小了、回到了童年？梦中外婆劳动的满足、我被宠溺的幸福，让我迟迟不愿意醒来，我真心希望梦中美好的影像永远定格、恒久播放。

外婆和我情深缘浅，从我出生到她离去，只有短短几个寒暑。

我从梦中重温到外婆留下的爱，珍贵的场景回忆、无边的唇齿留香之外，还有看得见、摸得着的温暖的小毛衣。我又来到梦中，静静地抚摸着那柔软的针脚，外婆那和蔼可亲的面容蓦然浮现。“临行密密缝，意恐迟迟归。”她一定想要，为我成长的道路添加更多暖意。所以，蓝色的、白色的、黄色的，高领的、圆领的，厚的、薄的，梦中有许多外婆织的毛衣，也有外婆留给我沉沉的爱。

在我的生命中，外婆的手做汤圆已成绝响，外婆的手织毛衣已成回忆。想念她的时候，我翻箱倒柜找出她的照片，摩挲良久。照片上有笑意盈盈的外婆和蹒跚学步的我，又将我带入思念的梦……

怀念依然无尽，期待梦中再见您一面……

★作家点评★

小作者的梦朴实、真挚，对去世的外婆的怀念，魂牵梦萦。外婆包的汤圆、外婆织的毛衣、外婆的照片，看似琐碎的回忆，却从味觉、触觉、视觉等各个方面再现了外婆对“我”的爱。一个清澈的少年，一个温暖的外婆，感情丰沛又静水深流，刻画出祖孙之间难舍的情谊，写出了人与人之间情感的张力，令人动容。

11. 会做梦的人

冯沛禾　广州市华南师范大学附属小学

已经是后半夜了。

银白色的月光流泻入一框四四方方的木质窗棂，激起一地木屑混杂的尘埃飘浮在清冷干燥的空气里。夜幕安静笼罩下的一座城，星星沉淀得很低很低，好像一伸手就能触碰得到那样。一轮高悬的弦月无动于衷，半匿在薄薄的云层里，弥散开一圈圈漫不经心的浅紫色光霭。

她喜欢夜晚胜过白天，尤其是这种宁静得连一缕最微弱的风都没有的夜晚。在这种静得纯粹的夜里，她可以好好地“做梦”了。

她幻想着自己的美貌。从晨曦第一刻钟一绺澄澈的阳光透过玻璃橱窗，到慵懒的黄昏拉下最后一丝光线的幕布，那些熙熙攘攘、吵吵闹闹的人群拐过小巷子，三三两两地围过来，“你真漂亮”是她听过最多的话。

“你真漂亮。”是一个羡慕的童音。

“你真漂亮。”是一个惊叹的成年女声。

“你真漂亮。”是一个沉稳的烟嗓，略带点微妙的嫉妒。她知道这是隔壁店的工匠的声音。

她拥有一头淡金色的长发垂至腰际，即使隔着一层厚厚的玻璃也能映射着阳光，泛起一抹抹耀眼夺目的光华。精巧的五官像是神的刀法所雕刻出来的，抿合的唇微微勾起，是嫣红色的，嵌在雪白小巧的面颊上。

是的，她是 A 国最漂亮的木偶。

她在这个闭门已久的木偶店的橱窗里摆了整整十年，而那个曾经许诺过给她带回一双眼睛的人，至今都没回来。

薄得如同一张纸的刀片在木块上起舞着，削下一捧捧细碎的浅色木屑纷纷洒洒地落在地板上。年轻人的双瞳绷紧着，鼻尖沁起几粒小汗珠。他侧过身，轻轻吹掉木块上的碎屑灰尘。

那是一个已经成形了的木偶。晨曦第一抹熹光映亮木偶的面颊，竟是出奇的栩栩如生。年轻的工匠微微一愣，然后绽开了一个无比明媚而温暖的笑靥。

“你真漂亮。”这是他平生第一次由衷为一个木偶发出这样的感叹。

这是他十年以来日日夜夜呕心沥血的成果。那一夜他陷入了一个无比美妙的梦，梦见自己的木偶站在 A 国最大的舞厅里，魅惑众生的容颜，踏着精妙绝伦的狐步舞，万千聚光灯为她加冕。他不惜重金聘请来 A 国最著名的服装设计师，要求他用最好的绸缎为她打造一袭舞裙与一双舞鞋。五年后他再次看见了一袭红衣如画的木偶人儿，跟他梦里的一模一样，却只是垂下眼睑，轻叹一声。

眼睛怎么能少？眼睛是一个人面部最重要的部分，眼睛是心灵的窗口，是生命跳动得最为鲜活的一洼泉眼。

而他不知道究竟要一双如何的眼睛才能配得上自己的木偶。那天晚上他梦啊梦，脑海里却怎么也无法描摹出那双与其般配的眼眸。他每天接见上百个来自全国各地的珠宝匠，收到了上千块奇珍异宝，珍珠，黑曜石，猫眼石，石榴石，祖母绿，翡翠，蓝宝石……不计其数，他看了却也只是苦笑地摇摇头，闭上眼睛再努力用手牵着阳光画出那双他心目中的瞳眸。

一年后的第一天，他收拾好简单的行囊，关闭了木偶铺子。他决定了，他要周游整个世界，来找到一双最适合他的木偶人儿的眼睛。

“我保证我会找到一双般配得起你的眼睛，不管它到底在哪个地方。”他临走前对木偶说道，一绺晨光将她的面颊衬托得更加美丽。那一刻他忽然无比地坚信起来了，他就算穷尽一生寻找不到，也终究能有一日能在梦里勾画出眼睛的模样。

★作家点评★

一个最漂亮的木偶已经在关门的木偶店摆了十年，而做出他的年轻工匠竟是因为精益求精要游历世界为木偶找到一副最合适的眼睛。故事深具浪漫色彩，最美丽的木偶和最执着的工匠，故事情节颇具意味，人物性格特点鲜明，让人印象深刻，显示出小作者的虚构能力和叙事能力。同时，文章语言优美灵动、训练有素，能显示出扎实的文字基础。

12. 心事重重

梁博文　仪征市育才中心小学

一、发生了不可思议的事情

张艾迪有些失魂落魄，第三次钢琴考级没过，她就知道自己不是这块料，可是妈妈……

“妈，钢琴十级我过不了了，第三次了，我已经努力了，请你不要再让我坚持了，你跟我说什么事不过三，但你现在已经看到了，这就是我坚持的结果。”艾迪一口气说了这些，眼泪还是不争气地直往下流。妈妈这次什么也没有说，手上拿着抹布默默地站着。但是从她如木雕般的脸上，艾迪看出了失望，是的，是失望，冰冷的眼神，铁青的脸色，抽搐的嘴角，这是比咆哮，比怒骂更厉害的炸弹。艾迪觉得自己已经中弹了，虽然形体完好无损，但是魂魄已经四处飞散。

模糊的意识让艾迪看到了五岁时的自己，小小的自己，细细的手指，巨大的钢琴，严厉的钢琴老师，无比期待的妈妈，这些画面开始在头脑中转圈，越转越快，越转越快，艾迪开始觉得恶心，接着便失去了所有的知觉。

“我在哪儿？我怎么了？”艾迪睁开眼睛，浓浓的药水味让她意识到自己在医院里，医生正在和妈妈谈话。“医生，你一定要救她，她才十二岁，她一直身体很好的，这究竟是怎么了？我怎么跟她爸爸交代？”这是妈妈的声音，这声音带着哭腔。“我也觉得很奇怪，各项检查均显示正常，昨天我们组织了专家会诊，对于这种无缘由的长达三个月的睡眠，还不能给出一个大家公认的结论，看来这是一个新的科学难题啊！能不能醒过来？什么时候能醒过来？这还都不好说。”“什么？我睡了三个月！”艾迪觉得自己简直不可思议，她想开口说话，可是喉咙干涩，不过她还是发出了一声清晰的“妈”！

“谢天谢地，谢天谢地，你终于醒了。”妈妈不停地念叨。“你为什么会昏睡？之前发生了什么？现在有什么不舒服吗？”医生似乎有无数个问题。“我现在感觉很好，这觉睡得真舒服啊！”艾迪伸了个懒腰，然后一骨碌爬了起来，她扭了扭腰，又原地蹦了蹦，妈妈和医生都瞪着大眼睛看着她，好像她是个外来生物。艾迪走到妈妈跟前，踮起脚想搂住妈妈的脖子，但是手却只够到了妈妈的肩膀，突然就像电影以 16 倍速度快进似的，艾迪感觉到她又看到了一些快速闪现的画面，还能听到各种奇怪的声音，她吓得一哆嗦，愣愣地站在原地。“你又怎么了？是不是有什么不舒服？睡了这么久突然起来，难免会头晕的！”妈妈像是在询问，又像是在自言自语。奇怪，刚刚的画面消失了，声音也消失了。

“明天我要去上学，我落了太多的课了。”艾迪整理好书包，拿着手机，看着班级群里每天发来的作业，竟然有点担心自己的学习，手指在手机屏幕上滑动，她看到许多同学给她发来的信息。

“笛子，这学期你怎么没来上学？——李晨宇（讨厌精）”

“听说你一直在睡觉，叫都叫不醒，是装的吧？——邹楠囡（懒惰虫）”

“笛子，你别怕，你肯定能好起来的。——杜橙橙（胆小鬼）”

“笛子，今天班级出了惊天大新闻，‘鼻涕虫’给班花玥玥偷偷写小纸条。——王微子（大嘴巴）”

……

对呀，我怎么就晕倒了？在医院里出现的那些画面，听到的那些声音究竟是什么？我真的得了什么全世界罕见的病了吗？艾迪摇了摇脑袋，不管这些了，只要妈妈别再让我去练钢琴就行，如果睡三个月就可以以后不练钢琴，划算！艾迪想到这儿，情不自禁地笑了。

二、原来获得了某种超能力

天空蓝得可爱，树枝在风中摇曳，记得昏迷之前还是闷热的夏天，现在已经到了穿风衣的季节了。

艾迪来到了熟悉的教室，仍然是那间教室，不过门上的标牌已经从四（4）班，变成了五（4）班。同学们瞬间将艾迪团团围住，她第一次感觉自己如此受欢迎，呆呆地站在那里，不知道该回答哪个同学的提问，头脑中出现新闻发言人被记者团团围住的画面，觉得好笑。

终于坐到了自己的座位上，艾迪想问问今天的课程表，她用双手同时拍了拍前桌杜橙橙的肩膀，瞬间她感觉到周围世界的时间静止，而杜橙橙分明站在她自己家的厨房，正拿着一本书对着一只蟑螂说：“别怕，你一定能拍死这只害虫，你是最勇敢的！”艾迪拿开了双手，眼前又出现了教室的场景，杜橙橙歪着脑袋问她干吗。

怎么回事？难道我拥有了某种超能力，能够看到别人内心渴望的东西？再试一试吧，艾迪咽了咽唾沫，将双手同时搭在了同桌邹楠囡的肩上。周围的世界再度静止，艾迪来到楠囡的书房，邹楠囡正在纸上认真地写着什么。走近一看，是假日生活安排表，表上密密麻麻地写着一天到晚的计划安排，从早晨六点到晚上十点，精确到分钟。艾迪扑哧笑了出来，谁不知道邹楠囡是有名的“大懒虫”，她怎么可能做到早起晚睡，分分钟都在努力用功呢？

邹楠囡还在认真地写着，她完全没有听到艾迪的笑声。

艾迪有些激动，她知道自己拥有了某种超能力，只要将双手搭在对方的肩上，她就可以窥探别人的秘密。她发现李晨宇渴望被大家关注，而王微子想养只属于自己的小狗……

三、我想我现在懂你了

每次使用超能力，艾迪都会有些头晕，但她发现只要控制好自己的呼吸，画面就不会快速地飞转，头就不会太晕，而且只要自己闭上眼睛就能立刻回到现实的世界。

回到家，妈妈忙着做饭，艾迪远远地看着妈妈的后背，妈妈好像瘦了很多，她有什么秘密吗？艾迪朝妈妈走了几步，又停了下来，“我这样窥探妈妈的秘密，妈妈会生气吗？不管了，我想知道妈妈爱不爱我。”艾迪跑向了妈妈，将双手同时搭在了妈妈的双肩。

这次艾迪努力控制好呼吸，她看见妈妈站在海边，紧紧地拉着一个男人的衣袖，艾迪走近了些，她认出来了，是爸爸，没错就是爸爸！爸爸在自己四岁的时候出海，这么多年一直没有回来。每次艾迪问妈妈，爸爸什么时候回来，妈妈都说快了，可是一直没有。船上鸣笛了，爸爸抱了抱妈妈，说:“你要是想我就听听《星空》吧，我喜欢，会经常听，我们俩一起听就和见面时一样，以后等艾迪长大了，让她弹给我们听。”海浪的声音盖过了妈妈的哭泣，艾迪也哭了，这么一哭眼睛闭上了，又回到了家里的厨房。

“怎么了？哪不舒服？你怎么哭了？”妈妈放下锅铲，不安地问。

“妈妈，没什么，我就想好好练琴，明年我一定能弹完整的《星空》，给你听。”

★作家点评★

一个不喜欢练琴又意外获得超能力可以窥探别人内心世界的

少女，在了解了妈妈的含辛茹苦后，仿佛一夜长大。文章结构清晰，富于悬念，有完整而平实的故事和冲突，既有奇思妙想又有现实的框架，处理得巧妙、利落。情节中既有活泼、俏皮的桥段，又有情感的爆发，将母女之间的隔阂与原谅、秘密与和解处理得富有张力。以爱和温暖为主题，不一味追求标新立异，却做到了打动人心。

13. 会做梦的人

马之源　南京市五老村小学

在偏远的山区，住着一个小男孩，每天上学都要走很远很艰难的路。他是一个聪明好学的人，有很多奇思妙想。那年冬天，早上天气异常寒冷，到了学校，他的头上布满了冰花。放学后，小男孩疲惫不堪地回到家，夜里做了一个梦。梦里来了一位老爷爷，慈眉善目。他和蔼地对小男孩说："你想轻松上学吗？到山的那边找我吧，我送你一件礼物。"说完，老爷爷就不见了。

小男孩出门一看，天正下着雪。但他不怕艰难险阻，翻过一座大山，浑身上下积了厚厚的一层雪，成了一个雪人。小男孩在老爷爷说的地方等了好一会儿，终于见到了老爷爷。老爷爷说："你是一个有毅力、不怕苦的孩子。"说着，像变魔术一样，一艘无人驾驶飞船就落在了小男孩身边。老爷爷嘱咐道："坐上它，好好上学去吧。"

无人驾驶飞船真神奇！小男孩坐在里面，一声指令，很快就来到了一个森林里，这里景色宜人，空气清新。一所现代化的学校格外引人注目，有宽阔明亮的教室、藏书丰富的图书馆、精致的小剧场、多功能体育馆，里面装满了各种各样的高科技设备；校园像花园一样，里面长满了漂亮的花草树木。小男孩被这里的学习环境深深地吸引住了。

教室里，孩子们正在聚精会神听老师讲课。校园里停放着一排排的无人驾驶汽车、无人驾驶飞机、无人驾驶飞船，这些都是孩子们乘坐的交通工具。它们在路上自动行驶，从来不会拥堵，坐在里面不怕严寒酷暑，不怕刮风下雨，感觉很舒服。课间，孩子们漫步在校园里，像森林中的小精灵一样快乐可爱，脸上洋溢着幸福的笑容。

七个小矮人爷爷管理着这所学校。原来这所学校是白雪公主投资兴建的，从世界各地招聘了很多老师。学校除了常规的文化课外，还开设了各种各样的兴趣班，有各种球类运动、游泳训练，有舞蹈、声乐、书法学习，还有国学经典讲座，丰富多彩，孩子们可喜欢了！你瞧，操场上、体育馆里的孩子们一个个生龙活虎，身体可棒了！

图书馆的书真多，令人目不暇接。一排排书架里整齐地摆放着各种各样有趣的书，有文学类、艺术类、科技类、百科类、童话类等等。孩子们从这些精彩的书籍中吸取着无穷的智慧和力量，拓宽了视野，增长了知识。快看！学校的厨房里有机器人在干活。机器人做的饭菜味道好、品种多、营养丰富，孩子们吃得津津有味。

学校边上住着小熊、小猴、小兔。小熊一家住在山洞里，守护着这所美丽的校园；聪明的小猴住在树林里一棵大树上；小兔的窝就在森林里的树洞里。孩子们夏天和小猴一起去摘桃子，秋天和小兔一起去拔萝卜。走进大自然的孩子们，快乐得像自由自在的小蝴蝶在其中飞翔。听着小矮人爷爷的讲解，小男孩心里充满了好奇。

第二天，小男孩一大早就来到了学校。善良的他想让更多的孩子也到这里上学读书。因此，他又操控无人驾驶飞船，接上了山区里和他一样的孩子。飞船接了一趟又一趟，孩子来了一个又一个。小男孩还借了其他孩子们的交通工具，接上了更多的孩子。可是，来学校的孩子多了，教室不够用了。小男孩想：老爷爷一定有办法！

于是，小男孩坐着无人驾驶飞船，来到上次见到老爷爷的地方。小男孩找啊找，就是找不到老爷爷。小男孩一连来了好几天，还是找不到，急得满头大汗。这时，小男孩看到远处站着的依稀就是老爷爷。他快步追过去，但脚下一滑就要摔倒，心里一惊。这一惊，将他从梦里惊醒了。醒来后，小男孩发现自己还是在深山里。这真是一个会做梦的人。梦醒后的小男孩没有灰心，他暗下决心：我一定要努力学习，长大后建造这样美丽的校园，造出这样的无人驾驶飞船，让大家上好学。

★作家点评★

文章以小男孩和老爷爷的相遇为开头，仿佛传统的中国神话，而无人驾驶飞船、白雪公主投资兴建的学校、七个小矮人在管理，又俨然西方童话。这个汇集了古今中外怪力乱神的乱炖，读来脑洞大开、耳目一新。小作者把毫无禁忌的想象力归纳进一个山区小男孩渴望知识的故事，展示出强劲的创造力和结构能力。小男孩虽是南柯一梦，却并未怨天尤人，想法昂扬、健康。无论是文章中的小男孩，还是小作者，都洋溢着青春的光泽，让人眼前一亮。

14. 会做梦的人

宗煦阳　北京市海淀崛起实验学校

波波是一个九岁小女孩，她经常做梦。

在梦里，波波总是能吃到甜美奇特的糖果，能得到精致新颖的蝴蝶结发卡，还可以和仙子们尽情地玩耍。她每次给同学们讲她的梦时都会引起一阵阵赞叹。同学们一边赞叹她的奇妙经历，一边感叹自己没有波波那样的好运，总是能有那样美好的梦。

所有人都羡慕波波。波波每晚都会像去旅游一样，去梦的王国游玩。但是，渐渐地，波波开始认为，她梦到那些好东西是理所当然的。于是，她不再每天醒来后感慨和分享自己的奇遇，而是不以为然地把梦境抛到了脑后。朋友们问起，她总是说："哎呀，没什么特别的，我都忘啦。"

突然有一天，波波醒来后感觉脑子里空空的，一点也没有梦里的记忆。她一惊，立刻开始使劲回忆起来。但不论她怎么想，就是一点也想不起来，脑子里像一块干净的白板。波波突然想："是不是我没有做梦啊？"

波波觉得这种感觉有点空落落，她想这也没什么。然而她第二天也没有做梦，第三天、第四天……每天如此。

终于有一天，波波又像往常一样一片空白地醒来，她已经很久没有做过梦了，原来失去美梦的生活是这么的没意思。她沮丧地穿衣吃饭，沮丧地去上学。回家后，沮丧地做作业，沮丧地上床睡觉。

当波波合上眼时，她看见了一位美丽的大姐姐站在她的面前，淡金色的长发自由地在空中飘动，两弯新月一样的眉毛，眉毛下淡蓝色的眼睛一眨不眨地看着波波。

“我是梦的女神，”大姐姐用一种清亮而又严肃的声音说，“因为你不再珍惜梦中美好的回忆，所以我没有指引梦仙子们来你的房间。可是我看到你并不开心。”

“我好久没做梦了，我现在才知道原来能做梦是那么幸福。”

“以后，请务必珍惜梦中的时光，并请感谢自己有做梦的能力。”

“我会的。”波波使劲点点头。

梦的女神笑了，她的笑容就像一朵清雅的茉莉花。

波波也笑了，她微笑地睁开双眼，看到早晨暖暖的阳光从窗子里照进来，落在她的枕边。

“谢谢，梦的女神，谢谢你让我成为一个会做梦的人。”

那一刻，波波仿佛又看到了梦的女神在向她微笑。

★作家点评★

小女孩波波丧失了做梦的能力，让她懂得了珍惜与分享。既写出了梦想的意义，也写出了分享的快乐。小小篇幅，故事有起伏，展现了主人公的反思与转变，迷茫和成长，并不十分容易。故事结构完整，奇思妙想，紧扣主题，语言流畅自然，既有童真的想象力，又展示了小学生健康、美好的内心世界，是一篇有文学创造力、有想法的作品。

15. 爱做梦的人

李弘博　上海市实验小学

我是一个普普通通的男孩，但是我爱做梦。生活中的点点滴滴，都会走进我天马行空的梦乡。这不，刚刚闭上双眼，我就变成了一只调皮的聪明猴，住进了一个幸福温馨的“动物园”里。

首先登场的是勤劳的眼镜熊，她呀就是我的奶奶。她总是爱把家里收拾得井井有条。家里要是有谁找不到东西了，那问奶奶准没错。眼镜熊奶奶还烧得一手好菜，每次看到我吃饭狼吞虎咽的样子，她总是笑得合不拢嘴。

这边走来了慈祥的智慧象，他呀就是我的爷爷。他的脸上挂着和蔼可亲的笑容，说话慢条斯理。他常对我说，男孩子，要稳重，可不能兴奋过了头。爷爷懂的东西可多了。每天上下学的路上，他都会教我背诵古诗，讲历史故事给我听，和我一起讨论各种有趣的事情。

这是我的爸爸。不过，他是严厉的胖海狸。他对爷爷、奶奶、妈妈总是很和气，但是对我可脾气不太好。“没有规矩不成方圆”是他的口头禅。他还时常严肃地提醒我“别偷懒，动作快”、“瞧你那吃饭的样子！坐端正，手扶碗！”不过，海狸爸爸也有和颜悦色的一面，那是在他教我做模型的时候。他的手可巧了，能做出很多复杂漂亮的航海和航空模型，还有哦，我做不出的题目他总能“手到擒来”，真是让我佩服不已。

这是我的妈妈。其实呢，她是善变的美狐狸。每天早上她总是霸占着卫生间，梳妆打扮好一会儿。说她善变，是因为她会温柔地陪我读书，陪我玩耍，也会耐心地照顾我的起居生活，可她生起气来，就像暴风骤雨，让人害怕。虽然我常惹她生气，但她却说，我是上天赐给她最珍贵的礼物。

在我的梦里，我的家变成了充满欢乐和爱的“动物园”，是不是很好玩呀？我还有过很多奇妙的梦，变身孙悟空帮助需要帮助的人，把乐高小人变成战无不胜的大英雄战胜大魔头，让机器猫帮我弹钢琴，骑上我的玩具火箭飞向火星……说起来呀，几天几夜都说不完呢。

如果人们失去梦想，世界将会怎样？我就是这样一个爱做梦的人，你呢？

★作家点评★

小作者把自己家想象成一个动物园，爷爷奶奶爸爸都根据特点被指认成各种动物。以孩童的视角对家庭成员作出了看似幼稚，其实精妙的判断，读来别有一番滋味。特别是小作者善于从细小处捕捉人物性格，寥寥几笔便让读者会心一笑。文笔活泼调皮，幽默、生动中流淌着对家庭的热爱，一个健康、和谐、其乐融融的大家庭就这样跃然纸上。

16. 会做梦的人

吴双　杭州市竞舟小学

梦境，是阳光灿烂，是夜黑风高，是金碧辉煌，是忧伤落泪……

那是一个与现实不太一样的世界，是一个由自己创造、想象的世界。

我，是一个会做梦的人。经常会做各种各样的梦，当夜晚降临时，一个充满想象力的世界总是会徐徐展开……

2500 万年前，恐龙的时代。

那时，恐龙与蚂蚁和平共处，它们创造出了十分发达的“科技”。我来到它们中间，准备一览那个科技时代。

恐龙、蚂蚁，一起生活，必然会有些不适。恐龙住在“高楼大厦”里，蚂蚁却在高楼下挖出了一些密密的小洞，当成家。

它们的家，差距很大。恐龙的房子宽阔、巨大，一间小房屋就能占上一亩地，食品店里有快堆到天上去的食物，香气能飘到十里之外；蚂蚁的家则小得可怜，一间屋子只有苹果大小，它们挤挤挨挨地生活在狭小的空间里。

“恐龙要是丢下一块西瓜皮，就相当于给无家可归的蚂蚁一幢大别墅了呢。”我暗暗地想。

虽然恐龙和蚂蚁差距很大，不过一点都不影响它们友好和谐地一起生活。

恐龙会去寻找各种食物，一边大口嚼着，一边不忘从牙缝里“窸窸窣窣”掉一些食物残渣下去给小蚂蚁们。小蚂蚁搬上这些食物，抬回家可以吃上好久好久。

有时，恐龙吃得太着急了，食物卡在牙缝里，难受坏了。它就请小蚂蚁帮忙，让小蚂蚁爬到它嘴里，把那些卡在牙齿里的食物吃掉……所以，经常能看到一队小蚂蚁排着队走进恐龙黑黑的嘴巴里，队伍浩浩荡荡，很是壮观。

不过，天有不测风云啊。

有一天，天空里突然一道白光飞散，热浪扑面而来，整个地球就像被放进了蒸笼……恐龙快被烤成大肉球了，小蚂蚁也要变成小肉丁了……

这难道是……彗星撞地球？反物质爆炸？

我还来不及思考，一切都结束了。我的梦醒了，我回到了现实中，月亮和星星高挂在窗外的天空中，不知名的小虫正“啾啾”地叫着。

回想梦中的场景，我突然发现，那个故事的灵感或许来自刘慈欣叔叔的科幻小说。说真的，这段时间，我看了刘叔叔的很多书，我太喜欢他了。

人类，未来，宇宙，科技，智能，战争……他展开了一个充满无限想象的世界，让人惊叹。

我在想，也许，我们每个人梦中的故事，都来源于现实。白天接触到的人和事、看过的书，都会潜移默化留在我们的脑海中，然后在夜晚又偷偷冒出来，展开了一个更为丰富、更为精彩的梦中世界。

我是一个会做梦的人，我喜欢白天的精彩折射到夜晚梦境中的那一个个故事。这样，生活仿佛充满了更多的可能，有了更为广阔的天地……

你也是一个爱做梦的人吗？让我们一起展开五颜六色的想象，进入到美丽的梦境中。

★作家点评★

梦境将主人公“我”带回2500万年前，回到恐龙与蚂蚁并存的时代。小作者对恐龙与蚂蚁的想象古灵精怪、异想天开，活泼、有趣的角度，处理得合情合理，还保留着孩童的天真，特别是那种诙谐、明快的感觉，让人印象深刻。文章自然生动，结构合理，有声有色，妙趣横生，是一篇个人特点鲜明的作品。

17. 会做梦的人

秦瑞言　重庆市李家沱恒大城小学

我是一个爱做梦的男孩，我的梦里五彩缤纷，喜怒哀乐、酸甜苦辣……不过，我时常做一个和爸爸有关的梦！

我的爸爸是警察，他一整天都忙来忙去。周末，爸爸休息时，也像是打了鸡血似的心神不宁。每次接到电话，他立刻换上一副一本正经的样子，严肃地处理事情。别看警察挺威风，一次次成功破案的背后，却深深藏着数不尽的心血与付出！不过，有成功就有与之相等的代价，代价就是爸爸每次都不能和我一起去旅游。

去年暑假，妈妈和她学校里的同事约好了要一起去菲律宾。可是爸爸不能来，听到这个消息后，我遗憾地耸耸肩，心中无比沉重——爸爸又不能来！

到了菲律宾，我们先去了 APO 岛，由于那时还没有专属的客轮航线，所以我们一行人都只能乘着当地人做的一种木制的小型汽油机船前往 APO 岛，去的时候还晴空万里，阳光用自己金黄的舌头抚摸着海水，一阵微风吹来，海面荡起阵阵细小的波纹，两艘快船肩并肩，贴着大海的脸颊飞速驶过，留下一串串记忆的浪花。

半路上，雷神和风神使起了坏，乌云挤满了刚刚还湛蓝的天空，你推我挤，争夺着地盘，还时不时爆发出一阵争吵，“轰隆隆轰隆隆”，乌云们的尖叫声凑成了一部刺耳难听的乌云交响曲。终于“战争”爆发了，乌云们各拿一支水枪，互相朝着自己身上浇，这下可不得了，雨点像打扫卫生时的灰尘，纷纷落下来。

忽然，浪大了起来，足足有一面墙那么高，就像一匹脱缰的野马直奔天阙而去。我们的船就像一只小蚂蚁，在滚滚“黄沙”之中穿梭，一会儿上去，一会儿下来……我开始害怕起来，躲到了船的最里面，把打湿的外套脱下来，套在头上，用手堵住耳朵，眼睛紧闭着，生怕船翻了。而有爸爸在场的小蒋却怡然自得，甚至还拿起了平板，玩起了游戏：“嘿！伙计，你怕什么呢？这船这么结实。”说完，他还拍了拍船上的钢板。我探出头，气愤地喊道：“我爸爸没来，当然害怕啦！换了你，也不例外！”此时，我多想爸爸在场啊！

经历了乘船风暴，我们又开启了鲸鲨之旅。一艘小船载着我们来到了鲸鲨嬉戏地。我们套上浮潜设备，扑通扑通一个接一个地跳进了海中。那时的我还不熟悉水性，我和妈妈都趴在船身两边的浮筒上，不敢离开一步。鲸鲨就在前面，小蒋在他爸爸的带领下，游到了鲸鲨的上方，和鲸鲨来了一次亲密接触。而妈妈不会游泳，又不放心船夫带我去，我又错过了和鲸鲨见面的机会。此时，我多想爸爸在场啊！

我的生日是圣诞节。可是每次圣诞节，爸爸都要出去执勤安保任务，不能回家陪我过生日。爸爸也不能陪我吃到让人垂涎三尺的大蛋糕了，更不能看到圣诞爷爷送我的礼物了。

每当一学期结束时，学校总要开一次家长会，但爸爸不能来，他还有许多事要办。他甚至不知道我们教室在几楼，更别提教室的门在哪儿……

我曾经无数次地梦见爸爸的身影，他出现在我旅行的途中；出现在我生日宴会的蛋糕旁；出现在家长会的某一个座位上……

终有一天，我希望他，不仅仅只是一个梦……

★作家点评★

文章写了一个朴素的梦——希望爸爸可以经常陪伴自己。爸爸是一名警察，旅行时、生日时、家长会时他都公务在身，无法到场。平凡的场景，没有过多的奢望，小作者叙述着爸爸不在身边的哀怨，他不是故作成熟地赞颂爸爸恪尽职守勇于奉献，而是诚实、率真地以儿子的视角诉说着对爸爸的渴望。语言朴实流畅，感情真挚动人。也让一心扑在事业上的家长反思，崇高的职业使命是否真的高于对子女的责任。

18. 会做梦的人

张智涵　西安建筑科技大学附属小学

梦想是人类的希望，梦想不分年纪，我的姥姥虽然七十四岁了，但是爱好古典文学是她坚持的梦。

姥姥的床边不放床头柜，而是放着一张书桌。每天晚饭之后，姥姥总要坐在书桌前，在柔和的灯光下看一会儿书。那时她戴上了老花眼镜，全神贯注、目不转睛。

一天晚上，我看见姥姥坐在书桌前，用手指着书上的文字，嘴唇翕动轻声读着。突然，姥姥停下了，左手指在书上，右手去翻旁边的字典，眼睛还盯着书，嘴里小声数着笔画："一、二、三……"只见她翻动着字典，又转过头再确认书上的字。我忍不住凑过去："姥姥，我帮你查吧！"我朝封面望了一眼，原来姥姥在读《史记》。我看到书上标注的字迹，工工整整、一丝不苟，不仅有注音，还有字词的含义，比书上本身的注解还要丰富详尽。我不禁感到惊讶，姥姥这么大年纪，还在认真地学习、做读书笔记。姥姥笑了："我记性不好，查了就得记下来。虽然学得慢，但是反复看和记忆还是可以掌握的。年轻的时候，总在忙工作忙家庭，现在年纪大了终于有自己的时间，可以重拾这个小爱好，也算是我的一个梦吧！"

姥姥指着其中她用铅笔注释的地方给我看："这些字词现在已经很少使用或者不用了，只有在古典文学书籍里才能看到它们。"

那些文字就好像一个个性格内向的小精灵，居住在幽静的丛林里，有访客来瞧瞧它们，如果叫不上来它们的名字，悄悄绕道走了，它们该多失望呢！姥姥的手抚过书页，眼中溢满了神采，那是专注求知、有所收获的热情，那是梦想张开了翅膀的光芒。

我相信，姥姥的梦在她与文字相伴，求知若渴的路途中，已经实现了。

★作家点评★

文章角度有新意，虽出自小学生的手笔，却并非拘泥于年轻人的梦想。小作者将目光聚焦到姥姥身上，将一个热爱古典文学，七十四岁依然查着字典读《史记》的老人描摹得自然生动。梦想从不仅仅是年轻人的专利，老年人的梦想更加难能可贵。文章告别了作文中对姥姥、奶奶的刻板印象，一扫慈祥、操劳、含辛茹苦、弱势群体的陈旧形象，塑造了一个专注求知的鲜明人物，一个晚年依然专注求知的老者跃然纸上。

19. 会做梦的人

满晒煦　北京市海淀实验小学

我们每个人都会做梦，梦见自己飞跃于山谷间、驰骋在草原上、遨游于花海中……我喜欢梦，喜欢梦里奇异的享受。在梦中我遇到了别样的人生，邂逅了那个不一样的我。

在诸多的梦境中，最难忘的还是那次南极探险之旅……

“丁零零”一阵急促的门铃声响了起来。“谁呀？”我含糊不清地问道，几秒后，没有人回答。我只好起床去开门，心想：谁呀，这么晚了还来找我？一开门，就有一只矮矮胖胖、圆乎乎的企鹅出现在我家门口。还没等我回过神儿，小企鹅就像进自己家一样很自然地走进了房间。我回过了神，问道：“你为什么来这儿啊？你的家不是在南极吗？”它好像听懂似的，停下了脚步回头看了看我，“咕咕”地叫了两声，俨然在回答我的问题。不管我说什么，它只是“咕咕”地叫，根本无法用语言交流，我拿这位不速之客实在没有办法，只能随它去吧，任它跟在我身后，我去哪儿它跟到哪儿。

虽然我觉得如果把这位“不速之客”留下来，会给我生活带来很多乐趣，但我还是决定帮它回家，南极才是它的家。

于是我找来木材，按照图纸制作了一艘小船，准备了航海图、指南针，足够我们吃上一段时间的食物和水，准备开启我们精彩的南极探险之旅。

起初的几天，海面上风平浪静，深秋的阳光照在身上，暖暖的，舒服极了，一切似乎进行得很顺利。可是骤然间海面起了波浪，天边闪着刺眼的电光，暴风雨来了！我和小企鹅在小船上摇荡着，抓着船舷的手，开始酸痛无力。突然，一个像山一样高的巨浪先把我们推到了峰顶，紧接着连船带人把我们拍到了海底。我连呛了几口水便晕了过去，等我迷迷糊糊醒来时，我发现自己和小企鹅都趴在扣在海面上的船底上。我浑身一点力气都没有，正当我不知所措的时候，一只大章鱼浮出了水面，用它那灵活有力的八只手帮我们托起翻过的小船，找到船桨和我们的行李物品，用力推我们的船再次帮我们起航。

我们顺利地到达南极，小企鹅没有我想象的那么激动，相反我从它的眼神中看出了依依不舍，我握了握它的手，转身要走。它几步追了上来，抱住了我，我把手中的指南针送给它作为礼物，挥手跟它道别，跳上了船。我没再敢看小企鹅，只顾低头往回划，心头却有一种说不出的滋味，我从来没有想过和一个在自己生命中出现的人道别这么艰难，泪水唰地一下夺眶而出……

梦醒了，可梦中那些伤感与美好的回忆却如海浪般涌动着。原本只是为了送别“不速之客”，可在旅途中我们却共同经历了风浪、经历了生与死的起起落落，我们不愿失去彼此，不愿失去那段难得的友情。

生活不正如此，在阴差阳错中邂逅着美好，只要我们学会珍惜、学会理解。

至今我还总是梦见自己坐在海滩上，一股丰富的海洋味调皮地钻进我的鼻子，那是一种崭新的味道，让人觉得神奇；它像一曲蓝色音乐回旋于耳边，像一位羞涩的少女立足于雨天的波斯菊里，像清晨森林深处那扑面而来的潮湿空气，清新、悠远而且令人回味。

★作家点评★

一次南极之旅，披荆斩棘，克服万难，既是送企鹅回家的探险之路，也是主人公内心成长的梦想之路。一路上九死一生，让主人公“我”与小企鹅休戚与共，更加懂得了友情、珍惜，同时让主人公焕发出勇气与执着。文章情节紧凑，详略得当，思路开阔，敢于尝试，为读者提供了新鲜的阅读快感，显示出小作者的用心。

20. 会做梦的人

赵紫涵　西安市后宰门小学

我很爱做梦。梦，可以让我忘记一切烦恼。梦，有时可怕，有时美好，白天的心情，造就了你夜晚的梦。这天晚上，我变成了一个叫叮当的小女孩，做了一个神奇的梦。

"你好啊，小丑，你这里有没有进什么新玩意？"我笑着问小丑。"叮当啊，像你这种活泼可爱，脑子里天马行空的女孩子，最适合这一款——梦。""梦是什么啊？"我好奇地问。"难道是一种新的水晶球？""不不不，它可比水晶球高级多了，它是一种芯片，睡觉时植入人的大脑，就可以看到一些画面。"小丑一本正经地说。"快给我来一个。"我兴奋极了，眼睛飞速地转移到带有"梦"字样的货架上，只见上面有序地写着：红色的梦：热闹；黄色的梦：快乐；绿色的梦：生机；蓝色的梦：痛苦；紫色的梦：神秘。"叮当啊，我劝你第一次使用梦时不要选择蓝色和紫色的，它们是可怕的。"小丑意味深长地说完便走开了。我拿了一瓶绿色的梦便回家了。

"妈妈，梦！"我高声叫着妈妈，可却发现家里没人。于是我跑上楼，把"梦"打开，一股绿色的气体瞬间散开。"小丑也真是的，这明明可以喝，却非得说是芯片。"我嘟起了嘴，但手早已握住瓶子，把药水往下吞。"呼……"一阵呼噜声传来，我睡着了。

第二天，我再去找小丑，却是哭丧着脸说："你就是个骗子，我经常光顾你的店，你却骗了我！”“叮当，你没发烧吧，绿色确实是生机呀！”小丑十分疑惑，可还是给予了我安慰。“你不会没看备注吧？”“啊？还有备注？”我张大了嘴巴。“看样子你是没有看梦的内容，多数情况是跟你前一天的心情有关系。不瞒你说，什么颜色的梦不重要，还是要看心情。”小丑解释道。“怪不得，我梦到一条疯了的狗，恶狠狠地向我冲来，我跑了很久，不但没有跑掉，还被它喷射的绿光攻击了。而且，我前一天被狗咬了，正伤心呢。”我放松了一点，脸也不那么扭曲了，“可你为什么要骗我呢？”小丑难过起来，说：“叮当，其实你并不是这里的人，你所做的一切，只因为这是梦。没错，我是个骗子，我是梦之国的魔术师，我们这里的梦被偷走了，所以我们找了你，提取了你的梦，没有梦我们就会灭亡，我真的迫不得已了。我不能给你解释太多，现在你该回去了……”

“轰隆——”

当我醒来时，我已经躺在床上了，可我做过的那些梦，那些事一点都记不起来了。可我有种开心的感觉，或许是我帮助了什么东西吧。我还记得，只要我开开心心的，就永远不会因为可怕的梦而烦恼。

★作家点评★

小女孩按照颜色买梦的故事。小作者的想象力纵横驰骋，情节精彩曲折，别开生面，情趣盎然。难得的是，除了正常地推进故事发展，小作者也善于制造悬念，字里行间不仅充满童真童趣，还引人入胜。平实、生活化的语言，纯粹、真挚、乐观的语调，也是一种感染力，让人读来津津有味。

21. 会做梦的人

吴睿展　延安市黄陵县桥山小学

梦是什么？梦是甜蜜快乐的，如同彩色的棒棒糖一般；梦也是忧伤难过的，如同青涩的苦瓜一般。在梦中，我们可以化身为足智多谋的诸葛亮，变化多端的孙悟空，文武双全的辛弃疾，有着百变口袋的哆啦A梦，推理严密的福尔摩斯，甚至是大战年兽的小门神。

记得今年过年的时候，我和妈妈去置办年货，看着琳琅满目的商品，感受着浓浓的年味。忽然，一张鲜艳的门画跳入了我的视野，火红火红的，上面的门神眼神犀利，动作威武，武器锋利，仿佛时刻会从画里跳出来一样。我特别喜欢这张年画，就央求着妈妈买了下来。回到家里，我迫不及待地查阅了关于门画的资料，了解了更多关于“年”的故事。忙活了一天，我特别累，晚上早早地就上床了，妈妈帮我盖好了有着阳光味道的被子，我进入了甜蜜的梦乡——

我穿着金盔金甲绿战袍，手持宝剑，脚蹬战靴，与我一起的还有一个同样装扮的人。我正在诧异，我是谁？这又是哪里呢？同伴告诉我，我们门神的任务是：卫家宅、保平安。原来我是个小门神。我四处看了看，家家户户杀鸡宰鹅，扫尘除秽，空气中散发出阵阵肉香，要过年了。可是我和同伴却怎么也高兴不起来，因为“年”的封印即将解除，他又要来滥杀无辜了。我们两个小门神还是第一次接受重任，心里特别担忧，丝毫不敢掉以轻心，加紧训练，做好防守。因为“年”的形态有很多种，我们一定要在门口挡住他，不能让他进入城内，力保百姓平安。

“轰隆”一声巨响，“年”的封印解除了，我俩全身披挂，准备迎敌，只见一只麒麟般的巨兽朝我们咆哮而来，所过之处，寸草不生，人们慌忙地关上家门，都躲了起来，小孩子们也吓得啼哭了起来。我们见状，拿起武器猛地劈了下去，“年”腾空一跃，化为一条黑龙，叫嚣着喷出团团怒火，我也不甘示弱，一跃而起，化为三头六臂，和他在空中大战三百回合，难分胜负。我实在体力不支，就在我想要放弃的时候，想到同伴说过我们门神的责任是：卫家宅、保平安，我使出浑身解数，和同伴齐心协力，化身为两条金龙，吐出极地寒冰，将“年”牢牢地冻在里面，丝毫动弹不得。我们将他重新送入封印。此时我们俩已经累得筋疲力尽，但是看到大地上恢复生机，百姓们又恢复了笑脸，孩子们也开始嬉闹玩耍时，强烈而光荣的使命感涌上心头！不远处，传来了噼里啪啦的鞭炮声，我知道，新的一年到来了！

“宝贝，宝贝”听到有人唤我，我抓紧武器猛地一挥，使劲一跳，“哎呀”，我一下摔在地上，睁开眼一看，妈妈正在惊奇地看着我。我忙低头看了看自己身上，哪有什么盔甲战袍，就只是睡衣，原来这是一场梦啊！

童年的梦是奇妙的，童年的梦是甜美的。在梦中我们感受着生活的趣味，感受着责任和使命，感受着成长的快乐。做一个会做梦的人，快乐地生活，快乐地成长！

★作家点评★

文中的主人公“我”在梦里变成了浩然正气的门神，与同伴们一起卫家宅、保平安，为了百姓与巨兽缠斗。故事线索明朗，生活气息浓厚，通俗易懂，既有飞扬的想象，又贴近实际。叙述中能感受到小作者明朗欢快的性格，正直、天真的少年感亦扑面而来。文章心怀苍生、有道义有担当，价值取向端正，赞美正义，传播正能量，有比较积极的意义。

22. 会做梦的人

严芸婕　上海市华泾小学

昨天晚上，身体原本无比虚弱的爱丁尔，脸上又冒出了一滴一滴的亮晶晶的汗珠。她又发高烧了。

一晚上，她一直在床上翻来覆去，高烧的痛苦使她无法入眠。然而，她却是那样的疲倦，每一次闭上眼睛，都会做一场充满幻想的梦。

开始，疲倦在她身上缠绕，加上病魔的扰乱，她出现了种种奇怪的梦：梦中，她还是睡在床上，但天花板早已消失，她看得见，一粒粒五彩缤纷的糖果从天而降，她随即拾起一颗糖，刚要张口，梦醒了；她又一次合上了她的眼睛，她看得到，玫瑰花铺天盖地，连路边的房子，都是用玫瑰花瓣垒成的。小河的水清澈见底，轻轻抿上一口，都有玫瑰的清香，而且在那个世界，人们从不会生病……

梦又一次破灭了。窗外，尽管在夜晚，仍然看得见厚厚的雾霾。

她的体温还在上升，在梦里的场景，或许都是她渴望的吧，她不明白，为什么美好的梦不能一直延续。尽管她知道，梦中那犹如仙境般的场景是虚假的，但她却希望那虚假的美好能永远持续。

她愿意永远活在梦中。

但她又认为，梦给了她美好的光明，又在一瞬间消失了，或许是想要加强她对生命的渴望，使得爱丁尔她是那样地喜欢梦，又是那样地厌恶梦；她既希望美好的梦不要停止，又希望美好的梦永远不要来临……

时间在流逝着，滴答、滴答……

她的眼皮越来越沉重，哦！她又开始做起梦了：狂风怒号，外面倾盆大雨，她躺在小床上，全身无比难受。她感觉得到，自己的脸滚烫滚烫，有一种想要呕吐的感觉，她的视线逐渐模糊，她是要死了吗？她不知道……

终于，在她将要昏迷之时，梦醒了。

在经过了这样一场梦之后，她没有更加伤心，反而有一点高兴：是的，尽管现在的她疼痛难忍，一无所有，但是，她拥有着自己的生命，去创造奇迹！

梦没有停止，但在爱丁尔的心里，在那被绝望摧毁的心里，在那冷冰冰的心里，长出了希望的绿芽。她十分庆幸，自己没有像梦中一样被病痛摧毁至死。

她挺起了身，勇敢地与死神搏斗，是的，她永远也不会认输！

这一个个的梦，像泡沫一样，不久就会破。但就是这样一个个渺小的梦，穿过了一个小女孩冰凉的心，让她又有了生的欲望。

★作家点评★

一个在病榻上心怀梦想的少女，梦到糖果、玫瑰等等许多璀璨、瑰丽的景象。现实的残酷惨淡和梦想的五彩缤纷两相对比，凸显出小女孩求生的欲望。文章取材新颖，人物命运牵动人心，立意健朗向上，让读者感同身受体会到主人公逆境中蓬勃的生命力。只是结构和分段上稍显随意、琐碎，望今后多加斟酌，使文章更具整体感。

23. 会做梦的人

兰姿墨　成都市四川大学附属实验小学

我闭上眼，心里默诵起杜甫的《茅屋为秋风所破歌》，诗句——“八月秋高风怒号，卷我屋上三重茅。……吾庐独破受冻死亦足！”久久萦绕在我脑中，我在半梦半醒之间仿佛来到了成都浣花溪边的一座茅屋，扑面而来的是一股清香，伴着清香，精神恍惚，自觉身子不断下坠，惊而紧闭双目。

远处是一片山林密密地包围着我，远处一条河流依稀可见，传来“哗哗”的流水声，重重叠叠的树影下有一个模糊的身影，一手拄着杖抬头注视远方。可是杜甫先生？我一惊，想向前一探究竟，却动弹不得，原来我变成了杜甫所住的茅屋，“我”只能默默地望着他的背影。

风云变幻，乌黑的云堆满天空，闷得让人透不过气来。狂风骤起，卷落枯黄的树叶，一时间豆大的雨珠从天而降，“我”顶上的茅草被刮走了一半，茅草飘飘扬扬，与混合着雨水的风落在水面和河岸，有的则挂在树梢头。对岸的一群顽童争先恐后地抢着茅草，不顾雨水将他们淋湿。杜甫拄着杖蹒跚着“跑”到河岸边大声呼唤：“还我茅矣！”雨水肆意地冲刷着他的头发和衣裳，肥大的衣裳湿透的衣袍贴在他瘦骨嶙峋的身上，显得他更加瘦弱。他喊得唇焦口燥，嗓子沙哑了，他拄着杖，步履沉重地走进茅屋，雨水裹挟着他的叹息重重地打在“我”的心上。屋里的设施极其简陋。早已破裂的枕头和用得硬如石板的被褥也单薄得可怜，屋内没有能够生火可供取暖的火炉，因为即使生起火来，也很快会被屋顶不断滴落的雨滴浇灭。“我”努力使房顶不要被狂风掀翻，却无法让屋里有一块干处。

电闪雷鸣，“我”已摇摇欲坠，仿佛马上就会倾倒，但杜甫却直立在风雨中，屹立不倒，他没有流泪，眼中射出的是坚定！他昂着头吟道：“安得广厦千万间，大庇天下寒士俱欢颜，风雨不动安如山。呜呼！何时眼前突兀见此屋，吾庐独破受冻死亦足！”“我”只听到豪情万丈，没有一丝悲哀，他如一尊雕塑凝固在那里。“我”轻身低语：“你现在拥有的只是一座茅屋，又何必为天下寒苦的读书人忧虑呢？”“不！你错了。”他疲惫的目光突然充满光芒：“吾愿以吾之苦换得众百姓之乐，吾虽只有破庐足矣！”

“我明白，我希望国家能如您之所望，可……”我欲言又止。

“现在固然是江山破碎，吾以为只要百姓过上好日子，国家尽可富强起来！”他语气激昂。

“我”沉默了，我会静静地伴着杜甫，直到他心愿达成的那一天。“我”相信有他，那一天一定不再遥远。

风继续刮着，雨依旧不肯停歇……突然一阵猛烈摇晃将我拉回现实，清晨已朝露显现。我回味着梦境里“天下寒士”“广厦”“千万间”“天下”“欢颜”“安如山”，体味着杜甫那种炽热的忧国忧民的情感和迫切变革的崇高理想……我期待在另一个夜晚来临时，我再与文人墨客谈古论今，如期而遇！

★作家点评★

以杜甫千古传颂的诗句贯穿全文，梦见自己穿越到唐朝，成为那间风雨飘摇中的茅屋。从一间房子的所见所闻，生动地刻画了一代诗圣忧国忧民、心系苍生的伟大形象和宽广襟怀。“安得广厦千万间，大庇天下寒士俱欢颜”，角度独特，想象力丰富，既有细致的叙述描写，也有感人的抒情和议论。全篇文字立意高远，情怀温暖，如果在结尾部分再稍加润色，就会更为动人和完整。

24. 会做梦的人

李昊昱　北京市海淀区教师进修学校附属实验学校

我想，我是一个会做梦的人，但我并不想让我的梦成真。

——题记

当我醒来的时候，我以为我离开了地球。

背后是地面，但并没有泥土，只有光洁的白色陆地。虽不知道是用什么材质做成的，但手感很好。

面前是一个可爱的球体，它圆滚滚的脸上是担忧的神色，大大的眼睛是蔚蓝色的，让人想到蔚蓝的澄澈天空。

看到我睁开眼睛，它亮晶晶的眼睛里是毫无掩饰的惊喜，“呀，你还好吗？”它吐出的不是汉语、英文，甚至不是任何一种地球上的语言，但我却奇迹般地能听懂这种特殊的语言。

“我……”我一开口，却发现我说的也是这种语言，“我还好，这里是……”

它皱了皱眉，“你好像怪怪的。”说完，它又对我说：“我叫末末！很高兴认识你！”

我想挠挠头，表示自己的束手无策，却发现——我没有手！

我一愣，作为一个人类，我表示我并不能接受我的现状。

“额……这里有镜子吗？”我悄悄问。

它眼睛一瞪大，“当然有啦，等下。”说着它像是机器一样，白白的外壳出现了一个整齐的分割口，一面镜子从里面伸了出来。

还不等我说我没有手，那面镜子就自己浮到空中，让我看清了我的外貌。

圆滚滚的一个大白球，虽然说是那种充满科技感的、很炫酷的外壳，但是……

有些欲哭无泪啊。

“那个……末末，这里是？”我小心翼翼地问。

“现在叫‘019 战略星球’，之前叫作地球。”它大大的眼睛望着我，有着一种懵懵懂懂的可爱感。

我却是有些被吓着了。我也浮了起来，在空中的视角怪怪的。

“那个，我可以跟你说说话吗？”

“哦，别那么拘束，当然没问题。”它答得很爽快。

我一边和末末对话，一边打量着这个“未来的地球”。

到处都是白色的、带有科技感的建筑，时不时地还有快得堪比光速的飞船飞过，天是蓝的，但不是蔚蓝，而是一种明度很低的灰蓝，夹杂着苍白。

但放眼望去，没有一棵树木。我忽而有些为我的地球而自豪，毕竟它是充满生机的。

通过和它的交谈，我得知这个时代的地球早已没有了人类，现在统治着地球，哦不，是银河系的，是之前人类的试验品——小白鼠。

而地球，也不再是统治者赖以生存的唯一家园，银河系大大小小无数颗星球都被有序地编排了号码。

而地球，变成了“019 战略星球”，一个较为重要，但并不是主星的星球，所以并没有生活着小白鼠们，只有我们这一类的居民。

而我们，是小白鼠们经过研究后生产的“鼠工智能”。

小白鼠们因为在无数次大型实验中，一边积攒着人类实验的成果以及经验，一边阴差阳错地变得越来越聪明。在一个机会中，所有的小白鼠与人类开战，结果不言而喻，小白鼠便代替了人类，让人类成为了试验品。听到这里，我的心情莫名有些沉重。想到了各种生物实验那对待小白鼠几近残酷的手段，更是有些瘆得慌。

我想摸下我的鸡皮疙瘩，却发现我已经没有手了，而且，我作为一个“鼠工智能”，当然是没有鸡皮疙瘩的。

我们一路“走”，一路欣赏着虽高耸入云但稍显苍白而冷淡的建筑，以及各种圆滚滚的大白球飘浮在路上。走着走着便到了它的家。

我和它在透明的、悬浮着的房子里喝着茶、玩着扑克牌。

看到我有些疑惑地看着扑克牌，它似乎误解了什么，出声解释说，现在的扑克牌属于文化遗产，被很多法律所保护着，也是一种高雅的文艺娱乐。

我有些震惊于这个世界法律的细致与完善。

它似乎很为这个自豪，可爱的五官神色十分生动：大大的眼睛顾盼生姿，两条小短眉高高地飘着，一张能言会道的小嘴压抑不住上扬的弧度。

它告诉我，现在的世界早已和之前不一样了，因为小白鼠早已洞察人类统治的缺点，所以少了很多不必要的麻烦。之前令人厌烦的交通不再是一个大问题，各种飞行器和传送站都能很好地解决这个问题；对资源的采取也是适度的，所有的星球都没有因为白鼠们的统治而有任何的损伤；甚至因为“鼠工智能”和统治者的团结，没有了战乱和国界，所有的居民亲如一家，进入了一个真正的大和平年代。

我觉得这真的很讽刺，但又忍不住心生向往。

时间过得很快，夕阳西下的时候，阳光暖洋洋地洒在身上，比之前地球上的太阳更有温度的阳光，让我感觉到了一丝热度，心中升起了对这“鼠工智能”的好奇。

它也把这个世界的概况讲得差不多了，我对这个神秘的世界有了更多的好奇和向往。

最后，它说了一句总结陈词：“所以说，倒不如没有人类。”

这句话，让我浑身冰凉，也有些愧疚。

我想要反驳，但看着这个统治体系的一切的一切都无比地完美，让我一点也说不出为人类辩解的话语。

它像是没发现我的僵硬，带着我到了一个类似充电站的地方去，让我休息一下。

最后，我在这新奇的一天结束后，又陷入了沉睡。

再一次醒来，我看到的，是地球。原来是梦一场，我心有余悸地伸开我的手，数了数我的手指个数。

十个，很好，我又回到了这个地球。

这个有花香鸟语、蔚蓝天空以及人类的世界。

蓝蓝的天让我想到了末末的眼睛，也许，它不会喜欢尚有许多不完美的地球，但这，毕竟是我和所有人类的家。

也是唯一的家园。

★作家点评★

李昊昱的这篇文章非常有想象力，相当于是一片微型科幻小说，主人公通过做梦，来到了一个陌生的星球，并且与一个外星人进行对话。后来，主人公发现这里还是地球，是改变了形态的地球。小白鼠统治了这样的新地球。这个改变了一切的新地球却是“鼠工智能”统治的地方。作者以乌托邦科幻小说的方式，告诉了我们也许地球的未来并不美妙，我们应该加倍珍惜和爱护现在的地球。

25. 会做梦的人

吴彦樺　济南市山大附中

梦，总是与现实生活联系在一起，它可以让我体验到我理想中的生活。在梦醒来之前，我是自在快乐的；在梦醒后，我亦能学着追寻现实中的美好。

犹记得去年春天来得格外迟，我曾在某个寒冷的夜晚瑟瑟发抖，幻想过春风拂过大地的样子。但未曾想过，我居然在梦中也能成为春姑娘，了解她的心思。

“下雪咯！下雪咯！快出来看！”清晨，世界还未完全醒来，风中夹杂着凛冽的冰冷。我依稀看见几个穿大红棉袄、扎麻花辫的小姑娘在街巷里跑来跑去的身影，她们到每家窗户下挥手呼喊，迫不及待地把这个好消息分享给她们的小伙伴们。

没错，的确下雪了，几片雪花落在我的肩头。在这个立春的早晨，本该是我挥动衣袖，让万物复苏的日子，然而却突发了一场意外，令我不禁有些慌乱，脸不自然地红了。我无可奈何，只得在一旁悄悄观察。街边的小花园里，不少充满童稚的小孩子在玩雪。我想，从他们刚踏进雪地里的时候，恐怕就已经感受到了雪的美妙。他们的手冻得通红，三四个人一起组队来打雪仗。可他们胖乎乎的小手抓的雪毕竟是有限的，当手中的“弹药”补给不足时，他们就急忙从旁边的汽车上、草地上、树丛里猛地甩起一把雪，砸向对方。尽管在我而言动作显得有点笨拙，但却很可爱。

这时，我碰见了冬姑娘，正在一棵树下栖息。我飞过去，轻轻向她问道：“怎么下雪了？今天不该是我来的日子吗？”她不以为然地回答：“你没觉得人们想再下一场雪吗？都说‘瑞雪兆丰年’，况且我也想等几日。”好吧，反正春天也短暂，迟到就迟到吧，我飘飘然飞到马路上，心中默默地想道。

我刚飞到马路上，太阳公公就探出头来了，天地间变得明亮。路上的车辆川流不息，衬托那耀眼的橘黄色的阳光，焕发出一种迷人的色彩。它没有让人感到炎热，也没有凄凉，它看起来，就是不骄不躁，带股暖意。我想，好在有点春天的意思了。距离我不远处的行人匆匆赶路，我经过他们身旁，听一个矮胖且留有胡子的男人边打电话边抱怨：“这天气怎又转凉了，不是已经春天了吗？”我迫不及待地张了张嘴，想告诉他春天已经来到了。可现实总归是行不通的，我无可奈何地瘫坐在地上。

难道就没人理解我了吗？我耷拉下脑袋，穿梭在人群中。不知不觉，我飘到一座高楼前，一个少年背着书包走了出来。他戴着耳机，不时地摇头晃脑，一脸陶醉的神情。旁边有一处下水道口，上面残存了一点点积雪，不过早已发黑。只见那少年轻轻用脚踩了几下，很硬，看来结冰了。但它仍埋伏在一个不起眼的角落里，或许是想告诉人们冬天曾来过这座城市。即使无人问津，它也没有任何要老去的意思，哪怕大街上的亮点早已被别人当选。只见小男生把耳机摘掉，放到口袋里，若有所思了一会儿，侧过身子绕道而行。他是不是发现了什么呢？孩子的心思应该挺敏感的吧？我告诉自己，试图得到点儿安慰。“哎哟！”不知是谁撞到了我，仔细一看，原来是几个老大爷缓缓朝广场走去，我不动声色地跟在他们后面。

广场上，人们将自己包裹得严严实实的，坐在石凳上唠嗑。我吹了一口气，风逐渐大起来，一些人见状纷纷将风筝从背包里拿了出来。霎时间，天空就被装扮得五颜六色了。我想，春天应该是最受人喜爱的吧，尽管来无影去无踪，可还是会有人抓住它。

春水初生，春林初盛。往往是得等到护城河边的柳树垂下枝芽，毫无保留地展示它的芳华，才会有越来越多的人发觉春天已经来临。殊不知，二月的雨雪里竟藏着生机勃勃的春天。回想过往，或许是我心急了，急于将憋在心里的一整个冬天的情感在此刻向大地倾诉，以证实我的存在。

我向远方飘去，飞得越来越高。一束光照到我的身上，我的眼前突然什么也看不见了。我睁眼，原来梦醒了，我还是我。我起身推开窗户，风中混着泥土的清香，令我感到舒适、温和。窗边的多肉生叶了，绿色的汁液重新流淌着，春已经到了。

有时我们把自己幻想成其他事物，也许会得到不一样的感受。春天竟在二月的雨雪中，它曾经通过另一种隐秘的形式降临到人间，但并未被我真实地理解。直到我做了梦，才设身处地站在春天的角度去思考，内心受到触动。我想，这种经历是想象所带来的，也是梦给予我的。

这些年来，我做过许许多多的梦，有对美好的憧憬，也有不必要的担忧。不论梦是好是坏，我都为我可以做梦而深感幸运。在梦中，我有属于自己的一片天地，没有人可以打扰我，我可以独自想象一个崭新的生活，那一瞬间我是快乐的。在梦醒后，我似乎又有了前进的动力，希望把理想变成现实，让未来的我不论何时何地，都可以做一个自在如风的少年。

梦是载体，想象是我的翅膀，·直引领我走向明亮那方。

★作家点评★

这篇文章从做梦开始，主人公变成了春姑娘，然后和寒冬的世界相遇，并将大地和人的世界带入到春天的过程，来呈现出梦想的美丽，来呈现出春天来临的时候，世界复苏，万物生长，人们欢笑，重新进入到了一个生机勃勃的世界的情景，是一篇情感饱满，叙述生动，逻辑合理的好文章。由此导出了梦想和现实的紧密联系，梦想是翅膀，带领主人公走向远方的可能性。

26. 会做梦的人

蔡佳钰　西安市经开第一学校

低语，呢喃，梦呓……

又是一个入睡的月夜，灯盏渐熄，小城渐寂，轻轻的鼾声，在城市中飘荡，无声无息。我拉拉身上的斗篷，从墙角阴影走出，蓝色的瞳，紫色的发，人们称——梦之精灵。

这是大陆上一种职业，梦之精灵会为会做梦的人编织一张安详宁然的网，让那些人在梦中欢悦。只是，精灵越来越少，人们在快节奏的生活中已习惯劳累，忘记了做梦，成了不会做梦的人。我的泪，缓缓凝结，落下。

一位青年女子，姣好的面容，房间内满是名贵的藏品、家具，该是位幸福的女子吧，轻轻扬唇，回首一视，却大加失望，辗转难眠，侧卧不寝，纤长的眉绞锁在一处。我足尖踮地，这样美的女孩，为何不会做梦？桌上，是成堆成堆的文件，是未关电脑上令人心烦的数据。悲凉袭上心头，为在现代压力中苦苦支撑的她而悲哀，转身，离去，回望，皆是涩。

白发苍苍的老翁，在摇椅上轻轻摇晃，沉沉入睡，一旁的老媪握着他的手，浅浅而眠。快步上前，清晰地看见两人面上的笑意，我浮起一丝清笑，蓝瞳染上点点星光，紫色短发在空中飞舞，抬手，结了一张网，许他一夜无忧，探开他的梦——镜湖三百里，菡萏发荷花，烟波蕴蕴碧水粼粼，飘飘摇摇十里莲开。年轻的老翁老媪，黑发似锦，泛舟西湖，烟雨朦胧，二人携手含笑，“执子之手，与子偕老”，当时的诺言，在岁月之后仍清晰如昔，他们漫步于流年，不慌不忙，在节奏紧迫的社会中，如执伞散步的文人。

玩具熊堆满的小屋，粉色睡衣的女孩，我有些紧张，这象征无瑕的孩子，会做梦吗？探开，是女孩的小狗，金色毛发的幼子，与小女孩一并玩耍嬉戏。倦了，两卧于樱花树下，小狗轻轻叼开落在女孩面庞上的花瓣，那一瞬，岁月静好。她，会做梦的，仍有一个美好的希望，我为她结成一张网，让她安然而眠。

万户人家，究竟有多少人可以安稳入梦，可以在忙碌的时代中给自己一个梦的时间？天下之大，又有多少会做梦之人？泪泣下，只愿放个慢步，学会做梦，旭日始开，新的一天又来临，转身，回到了阴影之处。

我永远，在等待一个夜，一个梦色氤氲的夜。

我永远，在期待一个人，一个会做梦的人。

有梦，才有希望。

★作家点评★

这篇文章短小精悍，紧扣主题，一开始就给我们描述了一种情景，这种情景是在一个月夜，万籁俱静，人们沉入了梦乡，而梦之精灵则出现了。梦之精灵会为不会做梦的人编织安详的网，可是梦之精灵越来越少，而能做美梦的人则需要去发现——文章以期待的方式结尾，告诉了我们有梦就有希望，点明了主题。

27. 会做梦的人

曾格麟　苏州市景范中学

“七八岁以至十一二，大概是最会做梦最多梦的时代罢？”茅盾先生说过，“能够真心地如实地享受梦中的快活的，恐怕只有七八岁以至十一二的孩子罢”。

这是多么美好的时光啊！我们现在的年龄，确是人生中最为纯真、最为快活的，它恰似一张白白净净的纸，等待着未来众多缤纷的可能！可以在阳光下尽情地嬉闹，迎着阳光赤着脚跑在田埂上追赶着蜻蜓，躺在山坡上对着习习的山风片刻小憩，在黄昏归途时，撸起袖子在冰凉清澈的溪水里与鱼虾度过一段有趣的时光；更是可以在夜晚躺在麦草上，仰头望着天上的星星和月亮，伴着蝉儿那幽幽的歌声，来慢慢地，伴着一天的美好，挂着微笑，甜甜地，进入梦乡。最幸福的，莫过于是孩子们，白天的欢愉，可以在夜晚得到延续。在那神秘的，无边无际的充斥着一切可能和美好的广阔梦境中，尽情遨游，去玩，去闹，去体验白天所有的向往，去弥补白天一切的遗憾，去得到一切的满足，去体会最纯粹、最干净、最富有生机和朝气的梦！是的，孩子们，是会做梦的人。而那梦，充满无限可能。

我们是最无忧的，最饱含激情，最富有希望，脑袋里充斥的，是无数的梦想，天马行空的，不用计较真实性，不用去考虑可行度，我们有一颗最干净的心，来对一切都充满了想象，对一切都充满着幻想，眼睛里看到的一切，都是那么可爱而美好！脑海的深处，都生着一个小小的梦。守护着我们最纯的念头，对一切最好的幻想。

会做梦，多好啊！在梦中，我们可以在 B612 星球上发现小王子和他的玫瑰对着我们微笑，使得我们对那广阔宇宙充斥着无限的向往，会促使我们在未来的某一天真的去到宇宙一探究竟。我们可以在梦中与那些唐宋时期的文人墨客来场江湖上的邂逅，一起“举杯邀明月”，随后“对影成三人”。目睹那寸寸柔肠，盈盈粉泪，虽是“执手相看泪眼”，却有“无语凝噎”的悲伤。也可以在梦中体会到那对待人生理想的体会，在“独上高楼，望断天涯路”后，即使“衣带渐宽”却总不悔的决心下，发现“那人却在灯火阑珊处”的美好。会让我们去更近一步地与他们沟通，体会他们的“凄凄惨惨戚戚”或漫卷诗书的喜欲狂，可能会使我们变成一个颇有造诣的作家。在梦中，我们的真情得以流露，一切都是最好的样子，没有纷争，没有利益，在梦中，世界是我们最想要的样子，鸟儿会和我们说话，我们可以随雄鹰一起飞翔，花儿每天都将自己打扮得明艳艳。

也许在白天的生活中，会遇到无数的荆棘缠绕，挡住了我们的向往和方向，会受到无数的迷惑与不安。大人世界的残酷，一切事情的真相让我们的梦境一次次受到创伤，会让我们觉得梦太不现实，不会再愿意相信在那宇宙深处，会有一匹长翅膀的马儿等着自己，我们会迷失自己，丢了那个怀揣着梦的孩子。但是不要伤心，不要放弃，要坚定地、不容置疑地守护着自己的梦。别害怕，在夜中，月亮会用那静谧的辉芒，来为你轻轻地疗伤，用那一个个依旧的梦，悄悄地，如山间的溪水般，缓缓地，盈盈地，来慢慢愈合你的伤口，让你重新意识到梦的美好。那一个个梦，带给了你欢愉，燃起了你的希望，让你有了奋斗努力的方向，梦到了一切缤纷的色彩，梦到了让人垂涎欲滴的饭菜，梦到一切的游戏，梦到一匹长翅膀的马，从梦中飞过。

梦，静悄悄的，却又似清晨的旭日东升，那么美，美得让人挪不开眼，那么倔强，是要对着夜幕冲击，不放弃那一丝曙光。当它终于要爬上山头时，那丝丝红晕中，早已藏着光芒万丈，那么的蓬勃、向上，那么的坚定，不容置疑，这梦中蕴含的，是我们对待世间万物最美好的样子，我们最纯粹的初心，最干净的念头。

因为会做梦，我们成就了更好的我们，因为会做梦，我们会将世界努力变成我们最想要的样子，我们所做的梦，都是最美好的样子！

★作家点评★

这篇文章的文字饱含激情，以饱满的热情，讲述了做梦这一状态带给人们的希望、宽慰和未来。文章带有论述文的层层递进和条分缕析，在多个层面，展开了对梦想如何照进现实、梦想如何引领一个做梦的人飞升的可能性，语言明快、简洁有力，准确生动，不仅能说服不喜欢做梦的人，还能够鼓励喜欢做梦的人，是一篇很好的论述文，鼓励了人们要成为一个会做梦的人。

28. 会做梦的人

夏怡婷　上海市同济大学附属七一中学

梦，在虚实之间穿梭。

对于我，夜晚的梦似乎总是模糊而不清晰，使得我一直不明白，究竟是我在幻想并操控梦境，还是说我早已进入了无意识的梦境。如果把这些真切或者不真切的都称作为梦，那我的童年，就是由这些五彩斑斓的如水晶玻璃般的梦网，一丝一丝编织而成的。

或许，我是个会做梦的人呢。

最初的梦，来源于我对黑夜的深深恐惧。静谧的晚上，听觉会变得格外灵敏：隔着天花板，人们穿着拖鞋轻声走来走去，细细耳语，转椅轮子滚动的声音就变得格外清晰与唐突，并伴随着声声犬吠与低沉的呜咽；窗外，驶过大型卡车，发动机声呼啸而过，如同森林中巨狼的呼唤；房间内，腕表时针一刻不停地走动着，宣告着它带走了过去的时光。这些声音，与窗外流进的霓虹灯光结合在一起，渲染出了诡异而恐怖的一种氛围——对于一个五六岁的孩子来说。

于是我常常闭上眼，把头蒙进被子里，试图摆脱这些。我把它们想成躲在黑暗与影子里，伺机而动的怪物，所以连呼吸都变得更加小心谨慎了。一边吓唬自己，一边安慰自己，我迷迷糊糊地进入了梦的国度。在那里，我有了前所未有的勇气与自信，身为一个小女孩，也可以像战士一样打败那些令人恐惧的黑暗势力。

在梦中，我创建了属于我的王国。不是美好的童话，也不是书中寓言故事，那儿时时刻刻充满着奇幻的冒险与经历，人们会有不满和背叛，我需要依靠孤身一人的努力与牺牲，一次次地挽回局面。这所有一切的一切，都是我在生活中所经历不到的。

是梦境，给了我成长与启迪。

时不时地，我的梦也会在好几个晚上重复，也会与现实相重叠。但这些奇怪的梦境到了早晨，却只剩下了片段的画面，留给我满脑子的疑惑和不解。

长大了一些，夜间的梦变得少了，取而代之的便是更多的白日梦了。走在路上，抬头看着蓝天中飘浮着的白云，想着自己也是身姿矫健的一只金雕，能够不羁地自由翱翔；目光会追随着嫩绿草丛中的一只纯白野猫，看它优雅灵活的身姿若隐若现，眼神渐渐迷离，仿佛跟着它一起寻找树间躲藏着的精灵；上课时盯着木色桌板上的一片金色阳光，思绪又渐渐飞远……

是梦，教会了我幻想的美好与意义，让我在喧闹繁忙的城市中留给自己一方思想的极乐净土。在梦里，我感受着，我能清晰地知道心脏正在强而有力地跳动着，微风从指缝间划过；我观察着，把世间所有的颜色都装入眼里；我体验着人世的爱与美好，也包括着人性的黑暗和自私；我经历着成功的辉煌，堕入失败深渊的绝望和恐惧……

即使是一片虚无，那又如何？我愿意片刻地沉浸于其中，成为一个会做梦的人。

★作家点评★

如何能够成为一个会做梦的人？本文结合这一点，以第一人称的手法，讲述了自己做梦和对梦想的看法。一个人有梦，从开始到后来，梦总是和现实有距离的，可是，这种距离可以拉长，也可以缩短。因此，分析和回忆自己做梦的历程，是这篇文章的着眼点。最后，点明了文章的主题，作者想成为一个会做梦的人。文章层层递进，很有层次感。

29. 会做梦的人

张佳依　北京市文汇中学

阿志双目失明，但他有个超能力，做的梦都会成真。

他梦见爸爸第二天早晨给他带了玩具，结果早上八点，他的床头多了一个小熊；他梦见奶奶的腿奇迹般地好了起来，结果第二天，妈妈就带奶奶去了县城的医院；他梦见哥哥的肚子终于不再那么疼了，结果妈妈也带着哥哥，随奶奶一起去了县城医院。

阿志暗暗欢喜。他想，如果我梦见我的眼睛可以好起来，会不会成真呢？

可是他从来没有梦到过。

不过他还是很开心，因为最爱的哥哥和奶奶可以好起来，他也有一份功劳吧。

有一天，镇子里来了一个叔叔。

阿志看不见，只知道他身上烟味很大，对人说话很不耐烦，夜里不怎么睡觉——阿志心想，叔叔的心里肯定住着一个小妖怪。

镇子里没什么人喜欢搭理失明的阿志。凌晨两点，阿志翻来覆去地睡不着，于是想起了隔壁住着的叔叔。

他果然没睡觉。在院子里坐着板凳，劣质香烟的烟雾在暗黄色的灯光下缭绕，遮住了他布满胡茬的脸。阿志摸索着靠近他，被烟雾呛得咳嗽，趔趄了两步。

“你是谁？来偷东西的吗？”他问。

"阿志。叔叔，你认识北斗星吗？"

他抬头看。村子里没有那么多沙尘和灯火，澄澈的夜空中，微弱的星光足够亮，但他找了半天，只找到了月亮。

叔叔对这个自来熟的小孩儿感到有些厌烦。他对这些自然现象没有什么兴趣，因为活着真不容易，大家都忙着低头快跑，哪有时间仰望星空。

他又吸了一口，从嘴里吐出一大团呛人的雾，在漆黑的夜空里随便指了指。

"那个就是。"

阿志"哇"了一声："听说北斗星可以指回家的路，是真的吗？"

叔叔好像知道他是瞎的一样，带着烟味儿的嘴对着他说："可以。"

阿志到家就睡着了。他又做了个梦，梦见叔叔过几天就要走了。没人喜欢给他解释北斗星和珠穆朗玛峰的故事，于是他第二天又去找了叔叔。

叔叔给他手机玩。他打开游戏乱点，虽然看不见，但也惊奇于时不时出现的音效，笑得很欢。

阿志问他："叔叔，你爬过珠穆朗玛峰吗？"

叔叔没回他，跟他说："你懂得真多，还知道北斗星和珠穆朗玛峰。老师教你们的吗？"

阿志摇摇头："我没上过学，这些是在教室门口偷听的。"

他听见叔叔轻笑了一声："可以啊，相当于免费念书，你赚到了。"

阿志有点失落，低着头就要走。

叔叔喊住他："阿志，我找不到北斗星了，你帮我找找！"

阿志这才恢复了笑容，嘴里嘟囔着："你个笨蛋！"然后往天上一指，"瞧，就在那里！"

天上乌云密布。

阿志睡得很香，他梦见自己当上了宇航员，还登上了北斗星，全村的人都为他骄傲。哥哥的肚子治好了，奶奶能站起来走路了，一家人都能团聚了。

可是第二个梦，他起床，似乎什么都不记得了。摸摸脸，却只有两行泪痕。

这天，爸爸给他送了一大箱玩具。天下着雨，阿志又去找了隔壁的叔叔。叔叔站在房檐底下，招呼他过去躲雨。

"我要走了。"阿志突然开口。

"我明天也要走了。你去哪里？"叔叔问。

"不知道，爸爸来接我，带了一大箱玩具。"

他内心有点庆幸。阿志爸爸终于良心发现，人间还是有真情真爱的。但是阿志突然哭了。

"我要死了。"

"为什么？"

"哥哥病了。"

小孩子什么都不知道，但小孩子又什么都知道。阿志不看星星的时候，他在家里做饭、扫地、洗衣。叔叔问他为什么做这些，不是有奶奶在吗？阿志像个大人一样严肃："奶奶腿不好了，而且我要变得有用一点，变成好孩子，爸爸妈妈就会喜欢我了吧！"

但阿志没有迎来"喜欢"，爸爸回来就跟奶奶吵了一架，说要把阿志带走给哥哥救命。奶奶无力反抗，只会偷偷流泪。阿志躲在屋子里，也能感受到爸爸从外面带回来的玩具，异常冰冷。

"阿志！你看！流星！"

阿志愣了一下，不明白发生了什么。"流星？"

"流星啊，就是天上掉下来的星星，看到流星大家会许愿。你知道什么叫许愿吗？"

阿志有些手忙脚乱，赶紧把手握成十字，握紧。

希望梦里的一切都能成真。

希望可以上学。

希望爸爸妈妈爱他。

希望别的小朋友不要笑他打他。

希望你不要再抽烟。

希望有一天，我能看到。

流星没有划过天际，夜空一如既往的漆黑。但不存在的东西，也有存在的意义。

“叔叔，你什么时候回来？”阿志突然问。

“不知道，也许明年吧。”叔叔从兜里摸出一根烟。

“也许明年再见，我就在天上啦。”阿志指了指夜空，笑着说。

阿志又做了一个梦。是第一个梦，也是最后一个梦。

他梦见他去了天堂，里面有好多天使，他很开心。

这么多年，只有当上宇航员的梦没有成真……阿志笑着想。

★作家点评★

这是一篇很好的小小说。主人公是双目失明的盲人阿志，他有一个超能力，就是能够梦想成真：梦见爸爸给他带来玩具，结果爸爸真就带来了玩具；梦见奶奶的腿能够好起来，结果奶奶的腿就真的好了。可是，关键在于他想梦见自己的双眼能够看见这个世界，可是，偏偏他不做这样的梦。于是，在这里展开了一篇很好的小说叙事。阿志在理想和冰冷的现实之间来回观照，明白了成长是需要梦想支撑的，而梦的确不一定都会实现。

30. 会做梦的人

程子瑞　武汉市第一初级中学

悲回风之摇蕙兮，心冤结而内伤。

——题记

我经常做梦，有时会像庄周梦蝶一般，不确定自己是谁。比如现在，我不知道我是一枚玉佩，还是人。因为那一切，都太真实。比如，那个你。

那是个丹桂飘香的时节吧，华灯初上，灯火阑珊，你走过了不知道几个摊子，终于来到了我这儿。

“老板，这块玉怎么卖？”你笑着。

“这块？噢，她呀！五百枚铜贝，她虽然无瑕，却太小。”

“给我吧。”听到这话，我心中有些激动，我终于也有主人了！

回家以后，你捧出一条青色的穗子，小心翼翼地为我系上。

“真好看，”你笑着说，“一定要小心一点呐，这可是我最喜欢的一条穗子了。”醒后想来，大抵是因为青青翠竹吧。从此，我便在你腰间安了家。

你很有才华，我知道。但那个一身明黄色衣服，头上有几列珠子的人却并不重用你，甚至十分排斥你，我很不理解：有才华的人不是应该受到重视吗？有抱负的人不是应该被聆听吗？爱国的人不是应该被相信吗？为什么你好像与这个世界格格不入呢？醒后想来，当初还是太小。

后来，那个人走了，去了一个很远的地方，这么多年，我都没再见过他了，你听说他的遗体从秦国送回后，苦涩地笑了："哎，为何愿死也都不信我呢？！"呀，原来那叫"死"呀！我的心竟然有些慌，你不会也像他一样走了吧？不要离开我！

一天后，你收拾好东西，去了一个叫"洞庭"的地方，后来，你又陆陆续续去了其他的几个地方，最后到了陵阳。一路上风景一直在变，但你却还在笑，只是笑容，越来越淡。

"悲回风之摇蕙兮，心冤结而内伤。物有微而陨性兮，声有隐而先倡。……涉远志之所及兮，怜浮云之相羊。"

那是一个天气阴沉的天，你把我取下，出神地看着我，"嘀嗒"一滴水落了下来，你对着我自言自语："白起把郢都都攻下了呢，顷襄王跑了，真是……哎！"

你站起身来，把我放在锦盒里，一个人出去了，我的心竟充满了担忧。我努力想要跟着你，可这一切，只不过是徒劳。"噗通……"，我停止了努力，呆呆地眺向门外，心里说不出的悲凉。我想发泄出来，像旁边掩面哭泣的仆人、门外熙熙攘攘的人群一样，但我不行，我是一块玉。

"咔嚓……"，我听见一个声音，我低头一看，原来是穗子断了。你快回来呀，我的穗子断了，你最喜欢的穗子，断了啊！

后来，我一直被放在锦盒里，只有每年农历五月初五我才会重见阳光。每一年，我看着所有人慢慢老去，直到再也没出现过，我依然在寻找人群中，你的身影。

后来的后来，盒子又被人打开了，我欣喜地望向来人，不是你。

今天又是个月圆夜，我的主人，你在那边可好？芈平，你可知道，你是我最牵挂的人？

又是一年中秋，华灯初上，夜未央……

那一整天，我的眼前总会出现一张古代男人的脸，虽然看不清样子，我也不认识他，但我总觉得他应该喜欢青色，喜欢翠竹，他也应该是叫芈平。

“小敏，你是不是又在梦周公了？”历史老师喊道。我一下从迷蒙中惊醒，怎么又打瞌睡了呢？

“……大家记好了，屈原，芈姓，屈氏，名平，字原；又自云名正则，字灵均……”历史老师继续讲道。

★作家点评★

这篇文章的构思非常巧妙，作者善用历史材料，有着很强的想象才能。从做梦入手，但告诉我们，作品的主人公，也就是叙事者是一枚玉佩。那么，从玉佩的角度，叙述了一枚玉佩的可能的境遇，带领我们进入到中国古代的政治和历史的语境中，让我们看到了别开生面的想象世界。玉佩的遭遇其实就是人的遭遇，在各个时代里，人才可能会被淹没，也可能会顺势而为。最后拉回到了现实中，历史老师继续讲解历史。这样巧妙的构思，并不多见。

31. 会做梦的人

万昕玥　北京市第一零一中学

我是一个会做梦的人，梦见我踏着轻薄缥缈的云雾，去和李白月下对影；又尝了尝传说中的仙丹，飞往清冷的广寒宫中探秘；忽而来到浣花溪处，杜甫草堂，和子美谈笑风生，酒意正酣时，邀其邻人，共尽余杯。

梦里总会重现古人的风流倜傥，几许愁情，那“渭北春天树，江东日暮云”的思念，那“时有落花至，远随流水香”的恬淡，那“歌台暖响，春光融融；舞殿冷袖，风雨凄凄”的繁盛富丽，都悄悄地、缓缓地融进了奇异的梦里……

深夜，捧读《晋书》，感受魏晋时期竹林七贤的风韵。读到嵇康“不自藻饰，人以为龙章凤姿，天质自然”之句时，不胜困倦，浑浑噩噩之间，仿佛驾起青云，正如《广笑府》中所云：“‘一行白鹭上青天’——不知所往。”于是乎，我便恍恍惚惚穿梭云间，正不知身处何方时，忽闻云下琴音阵阵，胜似高山流水之音，一弹一挑间似有傲骨。我按下云头，只见刑场之上，一君子，抚一琴，琴声铮然，神色宁静，身后刽子手提刀肃立，刑台下众人鸦雀无声，我亦肃然静听。一曲绝，琴弦仍颤，我心也如弦音乱颤，却见他依旧安然，神情自若。在刽子手提起屠刀的那一刻，我拨起云头，颓然乎坐于云上，叹曰：“嵇康一死，《广陵散》失传矣！”

目睹了嵇康临终之景，我，想去会一个人，想去揭开那段尘封历史上的面纱……

我踏云而行，去往山阳竹林。

竹林萧瑟，如笙箫之泣，似悲似歌。我从层层竹叶间向远望去，相信山涛能如约前来。想当年，入仕之后的山涛举荐嵇康做官，嵇康大怒，作绝交书给山涛。后来，嵇康因得罪权臣钟会，被钟会陷害至死，而山涛在官场平步青云。关于当时的情形，世人皆说嵇康傲骨，山涛圆滑，我想在今日向山涛一探究竟，去揭开浩繁卷帙的史书背后的真相。

远远地，他来了。

山涛衣着便服，正快步向我走来。他沉静的脸上蕴含着一丝沉稳，一丝顺世的圆滑。“巨源兄，您如今境况如何？仕途可还顺利？”我鞠躬施礼，率先发问。他微微一笑，意味深长地摇了摇头。“仕途虽顺，只不过于党争之间回旋罢了。也许正如叔夜所说，只是君子想要济世安民的意愿吧！”“叔夜如何？”我想不到山涛竟然会主动提起嵇康，还称呼了嵇康的字，我便赶忙紧追发问。“叔夜为人太过孤直，有奇才却不顺世自保……”山涛坐在林间青石上，缓缓对我说，望着落日的余晖，他的思绪仿佛被牵到了远方。

“叔夜于我，乃真知己也。”山涛终于打破了沉默，而这一句话像世俗纷争中积压了半世的肺腑之言，低沉又浑厚有力。周围的竹树轻轻摇晃，发出瑟瑟之声。山涛望着落日的方向，长吁一口气，缓缓地开始诉说：“叔夜性本孤傲，不随顺世俗以自保。而时局动荡，叔夜必定因此而受损。”山涛顿了顿，仰头看着随风摇动的竹叶。“故余举荐其入仕。而叔夜不愿混于尘俗，又恐钟会小人因此加害于我。故借此契机，大张旗鼓，作绝交书一封，使我仕途通顺……”山涛又长叹一口，转身望着我，轻轻抚着山阳竹树。“而叔夜终为人所害矣。其子年已十四。”山涛似乎有些惆怅，有些悲痛，望着我，竟悄悄流下了泪水。竹声瑟瑟，竹叶萧萧，微黄的竹叶在青石边萧萧而落，竹欲静而风不止，涛怀康而康不在。

山涛走了，轻轻地唱着："举世皆浊，你何必自清？明哲保身，随顺世俗，你又何必嫉俗？隐于朝野，悠然山外……"

嵇康走了，山涛也走了。古人云："道不同不相为谋。"一个淳厚顺世，一个孤直嫉俗。我不解。

不解二人于林间对酒，月下当歌，于乱局互保，于临危托孤。二人竟如此惺惺相惜，山涛竟如此惆怅。

恍惚之间，我好像被人使劲摇醒。窗外的夜，依旧宁静……

一梦已毕，我却仿佛依旧恍恍惚惚惆怅于竹林之间，似乎不仅望见了山涛和嵇康，还望见了伯牙子期，望见了佛印苏轼，望见了仅一面之交的屈原和渔父……

君子和而不同。

★作家点评★

这篇文章非常有想象力，作者通过做梦，带领我们进入到了魏晋时代，和当时的竹林七贤中的嵇康和山涛会面了，而且状写了嵇康的命运，和山涛的造访。这跨越了时间的场合，与古人相遇的想象非常动人，使得文章本身有着很好的空间，能够带领我们自由地穿梭在中国历史那具有人格魅力的人群之中。这样的文章主题鲜明，想象奇绝，是一篇很好的文章。

32. 大槐树下的梦

邱怡然　杭州市观成中学

少女十分利索地卷起裤腿，抱着自己的被褥，开始了上山的历程。虽说是山，但这山也不过是三四百米。

这个小村庄坐落在边疆地区，与世隔绝。群山环绕影响了村庄的交通与发展。

少女每天夕阳西下之时，都要爬上离村庄最近也是最低的山坡。因为在那山坡顶上有一棵大槐树。少女正值花季，在这个爱幻想的时期，少女的梦日复一日地出现。在大槐树下入睡仿佛就能给少女带来美好的梦境。

当月亮挂上树梢头的时候，少女入睡了。她睡得很熟，呼吸匀称。如其所愿，她又梦到那个她常做的梦了。她梦见，她有一双永远不会感到疲惫的脚，踏上了探山的旅途。在这一途中并没有其他的景致。天空是灰蒙蒙的，四周也是灰蒙蒙的，仿佛植物也不愿意多待一秒。沿途能看到的除了陡峭的石壁，依旧是陡峭的石壁。她就这样走着，不知道过了多少个日日夜夜，她终于走出了这灰蒙蒙的世界。她看到了和村里那最低山坡上一模一样的大槐树。它们都有碧绿的叶，弯曲的枝，长得一样高大。唯一不同的，山外的那棵大槐树下，挂着五彩斑斓的风筝。少女是第一次知道，原来风筝的颜色也不只是白色。就在她想再一次触碰那棵大槐树的时候，寒冷的露珠滴在少女的脸上，吵醒了她的梦。

这个梦她不知做了多少遍，但也全然不觉乏味。因为只有在这个梦里，她才能离开这片群山环绕的灰蒙蒙的世界。这棵大槐树仿佛被她当作了与山外世界的联系。

她下了山，整理了行李。她是第一个向村子里的人提出要走出这片灰蒙蒙世界的人。村民们以怪异的眼神看了她一眼，也有几位好心的大妈来提醒："这都是痴人说梦。"

少女摇摇头，回绝了那些劝她放弃的人。她踏上了旅程。路途就算如她梦境中所梦到的那样，除了山还是山，可真是有"正入万山圈子里，一山放过一山拦"的意境。但现实终究不是梦，少女没有一双走不累的脚。她拖着疲惫的身子，企图再往前走一段，可身体上的疲惫不允许她这样做。兜兜转转，不知怎的，少女又回到了村子中。

打那以后，少女再也没有做过梦，也再没有到过那棵大槐树下。也许是她明白了，梦境终究是敌不过现实，美好的梦只能带来更深的绝望。那个秋天，大槐树簌簌地落叶，飘了少女一身，将少女连同她的梦永远埋葬在大槐树底下。

过了十多年，有一个外来者到了这个村庄。他教会了村民们先进的农耕方法，也带领着一帮年轻力壮的小伙子去探山。小伙子们也正值幻想的年龄，一群人浩浩荡荡地出发，却没有像之前的少女那样失望而归。

第一次探山成功后，越来越多的人走出了这片山。村子里的人越来越少，唯一没有变的，就只有那棵大槐树。因为它那底下，少女连同她的梦，是永恒不变的。

★作家点评★

这篇文章有一个很重要的情境，就是大槐树和一个少女。一棵树和一个少女之间有着离开家乡，继续成长，还有如何走向未来和对未来的恐惧，成长的过程中会遇到烦恼，外面的世界尽管很精彩，但也是充满了危险。这篇文章就带有着寓言和象征性的手法，将一个少女和大槐树的关系，写出了人走出自己固有的世界的困难，是一篇有着鲜明寓意的文章。

33. 会做梦的人

章钰茜　济南市实验初级中学

笛声空灵澄澈，不绝如缕，我窃窃吹奏着，追忆心中往事，须臾，曲误，眼前的他仿佛又抬眼顾我，深邃的目光穿过如轻纱般笼罩的千年时光，朝我投来……

人们对三国的认识大多是从《三国演义》开始的，我也不例外。只因一课《草船借箭》，我对他有了初步的印象。初见时的心情，我现在也不好说，毕竟他早已被时间冲淡，只是随着对《三国演义》的涉猎越来越多，我对他这个“反派角色”有了更多的了解，心胸狭隘、嫉贤妒能等词在我脑海中一一浮现。

可我并不讨厌他，反而心中的好奇愈加强烈。十二岁那年，一份特别的生日礼物让我与他再次相见。我手捧《三国志》，迫不及待地翻到有关他的那一页，“坚子策与瑜同年，独相友善，瑜推道南大宅以舍策，升堂拜母，有无通共”，“是时权位为将军，诸将宾客为礼尚简，而瑜独先尽敬，便执臣节。性度恢廓，大率为得人，唯与程普不睦……”

我愕然，方知亲眼所见，亦非真实，迷乱的尘世，那些没有思考与判断力的人便会被遮蔽了双眼。公瑾，原来是我误解你了。公瑾，既然人们只知道你“既生瑜，何生亮”的谬言，未尝忿乎，未尝怨乎？

合上书，轻轻摩挲着扉页，那画面又浮现在眼前：“瑜还江陵，为行装，而道于巴丘病卒，时年三十六。”我轻拢双眼，只觉眼角热泪涟涟，任凭千百年从指尖划过，荏苒而不留。

待到我再睁开眼，已是夜未央，屋内烛焰摇曳，疏影暗香。公瑾独自病卧于榻中，双眼微阖，此时的他依旧是雄姿英发，风华正茂，只是眉宇间透着丝丝憔悴。我向榻边走去，并不想惊醒他，不料，他猛一睁眼，问曰：“子为何人？”我脑袋一紧，随即便答道：“我乃地府无常也，汝之时日不多矣，于人世间，汝何所欲言者乎？”周瑜大笑：“吾今生处世，正可谓丈夫处世兮，必立功名；立功名兮，以慰平生。慰平生兮，令吾将醉；吾将醉兮，方发狂吟。”我被他无比自信与豪迈的话语所震惊，少顷，道出我心中最想知道的一个问题：“若后人误汝之功，狭隘视之，当奈何？”瑜思量片刻，曰：“吾今之所为，皆为我东吴计虑。无愧于江东之众，无愧于主公，更无愧于孙郎之嘱托。今吾自知命不长矣，便生死无悔，至于平生功过是非，自待后人评说！”语毕，轻阖双眼，寻病终。我微颔，眼中早已噙满了泪水……

“若后人误之，汝奈何？”我想我心中早已有了答案。

我如梦方醒，呆呆地望着手中的横笛，而他早已回过身去，从历史舞台上走过。留给我们的，只是一个潇洒的背影。忽然，他那虚弱而又铿锵的话语又回荡在我耳畔：“至于平生功过，自待后人评说！”

你曾扬眉傲看烽火硝烟，一生孑然，淡看天上云动，只怨人生苦短，一世英雄，亦陨似流星。“不虑过往，不畏将来。”我轻蹙的眉头终于舒展开来——公瑾，汝皆不患，而我又何忧呢？我也笑了，就像那时的你一样，不禁吟唱起苏子的词来：“人生如梦，一樽还酹江月！”

★作家点评★

三国时期的历史风云和传说，一直是中国人的一个文化写作和想象的源头。这篇文章也是带领我们来到了三国时期，在梦境中，将《三国志》的情景再现。让我们看到了周瑜的形象与魅力，听到了周瑜的声音，使我们获得了想象历史的甜蜜。而能做到这一点的，只有依靠梦想之舟。没有梦的翅膀，我们不可能跨越时间的大海，去和历史相遇。所以这是一篇很好的、有想象力的文章。

34. 会做梦的人

夏雍　济南市二十中学

会做梦的人有两种，七八十岁的和十一二的。这话说得一点没错。只不过两者之间也并非全然一致，十一二是在憧憬，七八十呢，是在追忆。

做梦无须学习，人类从小时候就会做梦。人很怕黑，黑暗即是未知，未知即有危险，请问哪个国家的鬼故事上演在光天化日之下呢？记得我小时候，每当夜间，就缩在被窝里，看着窗外被窗棂瓜分的惨白的月影，不由得觉得丝丝冰寒，便希望早点进入梦乡。那时候啊，梦是我的第二个世界。它永远都是白昼，一眼望去，坦荡如砥，林木荟蔚。黛粉色的天穹下飘摇着凌霄的纸鸢，绿茵茵的地上随处可见五彩的糖果屋。那里的居民有可爱的小兔子，美丽的白雪公主，英俊的白马王子，聪明的阿凡提……我呢，就坐在和煦的日光下，乘着大树的阴凉，看姥姥躺在摇椅上，用她慈祥苍老的声音，缓缓地、一字一句地叙述着一个又一个新的童话。我便闭上眼听着，同时感受着树叶在风中婆娑的步调，直到一声鸡鸣惊醒正在沉睡的我。起身，揉揉眼，看着阳光透过窗棂暖暖地照下来，是十分真实的暖意。可怕的黑夜过去了，杜鹃鸟的轻声啼鸣，昭告着万物新的一天的来临！我很开心，我又长大了一天。

但不知怎的，随着我的长大，烦恼增加了不少，梦乡便是我寄以希望去消愁的地方。可梦境却也变了，醒来后回想，梦境就像一团乱麻般毫无逻辑，各种奇异的事混在一起，组成了一个奇怪的漩涡，而且变得一天比一天短，一天比一天乱。我有时失眠，在清冷的月光下无助地颤抖，梦中的纸鸢，童话中的人物，以及躺在椅子上讲故事的姥姥，再也回不来了吗？想着想着，不由得泪眼蒙眬，又不知不觉，便伴着嘀嗒嘀嗒的钟声昏睡过去……

记得大人们曾向我解释，世上没有会说话的青蛙，天上没有喜鹊搭成的桥梁，月亮上也不会有嫦娥在那里独自一人哭泣，但我就是固执地相信着，大人们也没再多说。可渐渐地，随着年岁的增长，儿时那斩钉截铁的决绝，竟自己被消磨光了。时间无言地走，却胜似任何激昂的雄辩，恍惚间，便已是物是人非。那本童话书，在我长大后再翻开看时，无须任何人的说道，我也早已发现，这是多么幼稚啊！

一年365天，慢慢长大的我们，肩上的包袱愈加沉重，社会上的步履也愈加艰辛。儿时的童稚早已被完全褪去，那张曾经白皙的小脸蛋，也早已变得粗糙了。到夜深人静时，也不再那么怕黑了——现如今的职场，比这光明正大的黑暗，黑太多了。社会的黑暗将旧时光里的激情、快乐、活泼磨得一丝不剩，冷峻的脸上，是两颗饱经风霜的木木的瞳仁。梦，几乎消失了，也就是在它那短得可怜的出场时间中，趁着愈发昏黑的星星灯火，在大脑幽深的丛林中无精打采着、表现着。哀怨太多了，像扎人的荆棘，儿时那样美丽的梦，再难有心情出现。这个时候，我们已不会再做梦了，只会沉浸在白天的职场经历中，皱着眉思索着接下来的出路……

终于，到了七八十，那梦，回归了。

离开了明争暗斗的职场生活，生活节奏慢慢放下来了。不必再每晚喝着浓茶打文稿了，不必再每天奔波于各大会场了，先前繁忙得让人窒息的工作，在离职的那一瞬间慢下了步调。于是我们便像儿时梦中的姥姥一般，乘着熙熙然的日光，躺在摇椅上，打个哈欠，静静地，静静地，细看时间把晨晓偷换为黄昏的精彩戏法，然后伴着滴答滴答的钟表声，沐浴着月光睡去。

梦来了。是它，就是它！熟悉的黛粉色天穹，熟悉的翱翔的纸鸢，熟悉的绿色的大地，熟悉的美味的糖果屋，只不过曾经盘坐树下的孩子，如今坐在了摇椅上，独自研读着那本遗失的童话……

经历了这么些年，最后还是回到了原点，原来穷其一生所追求的生活，在起步时就已经拥有。看尽世态炎凉的老人呐，仿佛一只老猫，蜷缩在岁月的皱纹里，追忆过去的美好。这是他们的自我慰藉吧？经历了太多太多，最后还是开头什么都没有时最美好。曾经，在相同的星云之下，他们怀抱着对美好的憧憬和浪漫的企盼，进入梦乡。几十年后，他们又坐于月下，做着和儿时一模一样的梦。

梦，是人在平静中的心灵的体现与慰藉，多多珍惜吧。

★作家点评★

这篇文章一开始就点题了：做梦的人有两种，一种是少年，做梦是因为有憧憬，一种是老年人，做梦是依靠回忆。那么，在这一过程中间的人呢？需要的是扎扎实实的生活，以梦想来造就丰富的人生。生命就是一个过程，在这个过程中，对未来美好生活的憧憬就是动力，而年老了，对过去生活的回忆就是甜蜜的美梦。这篇文章以哲思的方式，告诉了我们人生这一过程必须要有梦想支撑，必须要珍惜梦想。

35. 会做梦的人

周张静　苏州市迎春中学

絮柳映窗，柳絮悠悠。过路人的匆匆间，夹着一女子，黑衣长发，黑服上没有多余的装饰，只是衣领上绣着一奇怪纹样，深红的。整个人都散发着一股檀香，她的胸前挂了一块玉，透彻清亮，不时发出微弱的金色的光。

临近黄昏，日已暮，夜将近。太阳渐渐收敛了光芒，雨悄悄飘落。行人慌乱快走，那女子，依旧没加快步伐。玉的光愈来愈强烈，女子嘴角微微扬起，蓦地，一缕青烟，她竟消失在雨中。

女子来到了一个院子里，院子很小，没有什么好看的植物，深绿的苔藓爬上了台阶。屋里一位意气风发的少年，低头翻看书本。那女子想，这是她的有缘之人吧。

女子是来自远方，一个神奇的村落，那里的人，每个人都有着不同的使命。当然使命是一代一代传承下去的，女子的父亲是一位筑梦师，简单来说便是找到有缘之人，协助他完成他的理想。父亲一生都在寻找，却从未找到，临终前，才把这一块玉交给女子，并告诉她，当有一个人的志向变得越来越强烈时，玉会闪烁着光芒。她便要立刻随着这光芒去找寻那个人，当然那人还需要经历一个考验，只有通过了考验这人才是筑梦师所要找的有缘之人。

远处几声狗吠，打断了女子的思绪。清醒过后，玉便闪现一道极强的光，屋内的少年随即倒在了桌上，女子眼中露出难得的期待。

良久，少年还未醒来，女子眼中的期待也在逐渐减少。当她准备离开的时候，少年竟醒来了，嘴里嘟囔着："怎会睡着？而且还做这么奇怪的梦？"

女子转身，难掩愉悦的神情，快步走向屋内。少年先是被惊到，一会儿抬头，徐徐问道："汝是何人？为何来此？"

话音未落，女子就开了口："汝方才是否做了一个梦？可否与吾讲讲？"少年又是一惊，问道："汝为何会知晓？莫非是仙人不成？刚好梦太过于奇怪，不妨与汝讲讲。"

少年停顿了一下，又开口道："吾从小就立志于学，想着未来能榜上有名，成为状元，不必再让吾娘过苦日子。吾竟梦见中了状元，享受荣华富贵，但吾总觉得蹊跷，吾娘变了，身边的街坊邻居也变了个样，吾就试了试他们，他们便露出了马脚。随后吾娘就来拉着吾的手，问吾是否喜欢这样富有的世界，吾知这一切都是假的，就不愿停留在此，不一会儿一道光亮起，吾也就醒了。"

女子脸上的笑意更深了，衬得可爱。听少年说罢，就又开口道："吾不是什么仙人，只是来协助汝的人。刚才的梦境是对汝的考验，看来汝并未辜负吾的期望啊。"

少年有些糊涂了，女子接着说道："吾的名字是林夕，吾没有骗你。看汝一脸茫然，吾就跟汝细说吧。"

林夕跟少年说了神秘村庄，说了自己的家族，说了好多好多。两人一直聊到了深夜，少年也慢慢接受了林夕的说法，并与她保证他必定会经过自己的努力，来获得真正的成功。

多年后，一个深深的、深深的府邸，秋千上坐着一个孩童，嘻嘻笑笑。身旁便是少年与林夕了。孩童天真地喊："父亲，母亲，快来推吾啊。"

夜晚，少年拉着孩子，坐下，说："汝要记住，一个会做梦的人，不是会白日做梦，而是会把梦变为现实。汝也要与吾一样，做一个会做梦的人。”

夜轻悄悄，少年的声音透过窗子，飘浮在月光之下。

★作家点评★

这是一篇写法很巧妙、很有意境的文章，通过对一个少女和一个少年在时光中的相遇，将梦想的缥缈和现实的骨感，都呈现给了我们。这篇文章文字优雅生动，情节生动，梦里梦外，花落知多少，云里雾里，到底哪是真，带给了我们一种氤氲感。虚写和实写十分巧妙地结合了起来，过去和现在很有趣地贯通了起来，告诉了我们，时光是我们生命摆渡的最佳舟船。

36. 会做梦的人

李欣玥　郑州市黄河路第二小学

一座城，住一段过往，我灭了灯去拥抱。

梦里残缺的古钟，用过往敲开了斑驳的城门。微风乍起，曾经熙攘的街头，如今却已残缺不堪。

经过了这一站，又奔赴那一站，你走远了，而我还在。梦里，大雨淹没了整座城。我站在破败的城里最高的地方等待流星的出现，十指相扣为你许下你最初的心愿。我模糊着双眼，幻想地平线那片云里的身影是你，你在向我招手，笑得依旧灿烂。时光仿佛又重叠回了那个夏天，潺潺溪水里还没有那几片凋零的樱花，你洁白的身影依旧耀眼，河边的鹅卵石上还依旧留着你的气息。

我躺在已经浑浊的雨水里，我知道，这还是梦，一个可以让人热泪盈眶的梦。因为，你留下了，我笑了。

我便闭上了无神的双眼，朦胧的梦里，是天堂。我愿，在这天堂里一去不复返……

盛夏。

你撑着伞在花海中奔跑，我在你纯洁的背影里微笑。你欢笑着在绿荫里玩闹，我踩着你瘦小的影子奔跑。最喜欢看你回眸一笑，那一刹那，夏日的阳光不再灼热了，泛起涟漪的湖水也静止了。整个世界里，除了眼前的你，仿佛什么都失去了光彩，万物都化为了黑白，而你就是——救赎。

十年啦，我们仍未知道那年所见到那朵花的名字。

与你在这最后的夏天，抹不去的思念，斜阳里的微笑渐行渐远。八月的微风吹散你的泪光，深深铭刻在心间永生难忘。

与你一起最后的那个夏天已经结束，将来的梦想，一起许下的愿望，我永生难忘。十年后的八月，请相信我们一定能再次相见。

只能在回忆里看着你，希望记忆中的你不要离我远去。直到最后你都发自肺腑地诉说着感激，我却还是未明白含着眼泪强颜欢笑地告别到底是有多不容易。

我看着你从扎羊角辫的幼稚女孩，在我的记忆里走过无数个春与秋，在渐而成人的过程中再次回到我的身边，美丽的白纱裙依旧飘在夕阳下，长发依然挽着夏日的晚风翩然起舞，清澈的双眸在斜阳下越发明亮。我伏在你的耳边告诉了你，在某个夏日的夜晚里，我走进了那片漆黑的森林，我还是觉得里面有你的痕迹。你含着泪花告诉我在某个冬日的晚上你看到了我的身影，我闭着双眼对着天空回应你，一定要记得那个少年为你点的灯，为你照的火。

岁月的暖流漫过时间的长河，拂过久闭的心扉。我在时光斑驳深处，聆听到你的笑声和花开的声音。

夏之忆，泣凋零，彼岸花未名。

我是真的没想到，在世间，再次遇到你竟然要如此用力。你可知道你的名字解释了我的一生，碎了漫天的往事，与世无争。

黄昏，既不是白昼也不是夜晚，可是我很努力却还是没能看清你的脸。你慢点走，让我记住你的姓名，不管你是否在这个世界里，我都会不顾一切去见你。

花开花落，只为等到有你的季节。

刹那间，你的身影灰飞烟灭。这是梦的结局。我又一次坠入了无底的深渊，却再也没有见到光明与你的背影。

聚拢，成形，捻转，回绕，联结，消逝，灰飞烟灭。

★作家点评★

文章缱绻而文艺，一看便知是出自一位灵秀小女孩的手笔。优美的文笔想必来自大量的阅读基础，浪漫的叙事大抵与一颗丰富易感的心密不可分，娓娓道来中可以看出小作者平素的积累和对文学的志趣。文章整体有一种清新之美，但是辞藻华丽之余也稍显空洞，但对于这个年龄的小学生已是难能可贵。希望小作者呵护好自己的才华，试着写得更加言之有物。

37. 去明灯

桑毅涵　西安市后宰门小学

小时候起，老师们就常说："一个精彩的故事，就应有曲折的剧情和看起来难以完成的巨大挑战。"

而文章的主角，在面对这一系列困难与挑战之际，总会有那么几位"引路人"存在。这些"引路人"给予主角关心与帮助，使主角越挫越勇，从而推动接下来的剧情发展。

那么，"引路人"到底是什么人？

我们可以很清楚地知道，所谓"引路人"，并不是特指，而是泛指，指的是大多数给予别人帮助的人，或是给一个人的人生走向带来极大转折的人。

人都有属于自己的活法，自然也就会有不同的引路人。

那么问题就来了，所谓"引路人"也是与我们一样有血有肉、拥有自主思想的人，难道他们就不需要有人去"引路"吗？

很显然，他们也是需要的，就像人们出生需要父母培养良好的道德思想一样，"引路"的过程也与人类繁衍的过程一样，是一代接着一代的。

可是，世界上能有几个博学多才、了悟人生，或是能够最大限度地给予别人帮助的人呢？

这两者显然是相互矛盾的："引路人"的生命中也有"引路人"的存在，而成为"引路人"的"门槛"却是极高的。

那这一切究竟是怎么回事呢?

想到这个问题的时候，我的心灵自主地给出了答案：这一切，都可以用“梦”来解释。

人们经常说，梦充满着幻想，充满着虚幻的事物。但我觉得这种说法是错误的，与其说梦是虚幻之物，倒不如说“梦才是另外一个现实”。

梦的类型有很多种，类似于恐怖、科幻、快乐等等，简直就像是小说网站上的“作品分类”一样。

我之所以说“梦才是另外一个现实”，因为梦与现实一样，是有某种“规则”所限制的，这种规则的限制，使得梦境更加真实，恐怖的梦也才更加恐怖。

在不同年龄、不同学识的情况下，梦的真实度是不一样的。如果你想象力极其丰富，思维极具逻辑性，那么你的意识就会构建出一个如同真实世界的梦境，梦境中的你可能置身于魔法、古代、未来，甚至是异世界之中。与此同时，想象力强的人，可能会将梦境的真实度精确到一分米那样大小的物体也“构建得清清楚楚”。更有甚者，会在梦境中忘记自己在现实中的身份，甚至模拟出了梦境中“你的过去记忆”。

在这样一个国度里度过一个晚上，一个不知道在梦境里度过多少年的晚上，我们又何尝不能称这梦境为“另一个现实”呢?

我的梦就像刚才提到的一样，是极其真实的。

不像大多数同龄孩子，梦到的多是自己期待的事物，我所梦到的，是忍痛割舍的情谊，以及失去至亲的痛苦。

从小读书种类广泛的我，潜意识里收集了这些书籍的碎片，将它们组合起来，组合成各种各样的梦境。

从古至今，对于人类而言最重要的就是亲情、友情，以及爱情这些人与人之间的紧密联系。我所看过的书中，更是详细地讲述了一个又一个像这样的故事。

介于这样的种种因素，我的灵魂才在种种的离别与失去之中得到进化，从而继续去追逐属于我的那条道路。

刚才我们说到一点，即“梦是由人们的意识构成的”。在我看来，人们的大脑就像是一个有着很多部门的公司。关于梦境，有一个类似故事编辑的部门，这个部门根据白天里得到的知识，在睡觉时编出各种各样的梦来，再借这些梦引导自己的主人——也就是我们的灵魂得到思想上的提升与进步。

我把执行这个过程的“部门”，叫做“去明灯”。

我们知道，“灯”的本质是照明，它能带给人们光明，当你在注视它的时候，它也同样会带给你刺眼。

所谓“去明灯”则是带来了无尽的黑暗，但这黑暗可以让你认识到当前的处境，同时时刻告诫自己不能自傲自大，使我们的灵魂得到进化，而在这进化的同时，你也必将面临痛苦。

说实话我是很讨厌梦的。

梦虽然带给了我异于同龄人的思想，但这思想反而使得我与同龄人无法真心地交流。它虽然带给了我不少在同学面前表现自己的机会，但同时也剥夺了我在现实生活的困境之中努力生长的权利，因为我已经无法在“困境”中感到惧怕了。

我深知自己已经无法从这梦境的枷锁中逃脱，因为我的现实已与梦境融为一体。虚虚实实，真真假假，我不知道什么感情对于我而言才算是真实的。这梦贪婪地替代着我的行为，肆意地剥夺着我成长的权利，大口吞噬着我与他人不存在隔阂的感情。

我知道这梦会永不停歇地影响着我的生活，但我也明白，如果只是一味地服从梦的指令，我是永远无法阐释自己的生命的，毕竟我的思想不被同龄人或是亲朋好友所理解。但世界上总会存在与我有着同样见解的人，那么我就不能在噩梦的侵蚀下退缩，因为我即使找遍天涯海角，也终究要碰到我所期待着的那个，属于我的“引路人”。

在人生之路上，我会与他共同“引路”，并击溃自身的梦魔，将梦魇的强大力量为我们自身所用，从而真正在现实生活中做出有意义的事，让我们的生命得到真正的诠释。

★作家点评★

文章条理清晰、逻辑严密地层层展开，将读者引入小作者的叙事节奏，他可谓独辟蹊径，以独到的方式阐释了梦的四面八方，更颇有见地地给出了“去明灯”这一概念。并不冗长的篇幅，展示了小作者运筹帷幄的构建能力，少年人对世界的思索和判断可见一斑，展示出不俗的想象力和创造力。其中那种少年心气、自命不凡的气势，让人会心一笑，眼前一亮。

38. 虚无的梦

赵简　广州市东山培正小学

宇宙的大船又缓缓地向前行驶了一千年，地球上，街道四周全是华丽的建筑，静静地绽放着金黄的光芒，那是物理学家声称的永远不会塌陷的建筑——那大楼真像是用金砖搭成的。在那里，人类过着极其奢华的生活。互联网早已和人类大脑融为一体，几何级膨胀的信息，充斥着世界。人们都闭着眼睛在地球上晃悠，他们被一个巨大的梦想笼罩：统治宇宙并获得更多的金钱和更大的权力。

市中心一间不足十平方的小破屋里，屋檐上正滴答滴答地向下滴水。青年诺亚正在做梦，他梦见自己掉入了一个无底的时空中，一个更高级的生命，正在用计算机模拟着宇宙的运行，那颗蓝绿交错的星球仿佛就是地球，正像一幅纸上的图画，被橡皮擦掉。他猛地惊醒，看到屋檐下接水的水桶，已经被滴下的水灌满，正在往外溢出。

诺亚长吁了一口气，自言自语道："还好这只是一场梦。"

三年后，一艘宇宙探索船缓缓驶向漆黑的宇宙，白得发亮的船体上，印着三个鲜红的大字：方舟号。诺亚在舱内徘徊着，缓缓走向那台最先进的"窥梦牌"宇宙望远镜，"啊！"柯伊伯小行星带正有一颗小行星，裹挟着巨大的电磁波所产生的亮光，飞速地冲向地球。"完了，"诺亚捏紧了拳头，心噗噗直跳。他知道，小行星产生的巨大能量，足以瞬间毁灭太阳系。随后，他又释然了，他觉得，凭着人类掌握的技术，足以躲过这场灾难。

一光年外，人类依然在那里醉生梦死，不切实际地遐想，科学站也懒得观测宇宙的动向了，他们都坚定而且一致地认为，人类无疑就是宇宙的王者。

方舟号正向前方的一个红色的奇点驶去，到近前才看清楚。“什么？引力陷阱！”诺亚听到身边的同伴发出一声巨大的惊叫，很快，飞船就被引力陷阱吸入了奇点之中。看着那里灼目的亮光，诺亚无奈地闭上了眼睛。

不知过了多久，诺亚醒了过来，周围飘浮着白色的虚无的尘埃。“这是天堂吗？”“不。”他很快让自己理性了下来，这时门外走出来一个智慧生物，看得出，他想让诺亚跟他一起走。诺亚勉强支起身子，走出那个房间，门外是一台巨大的计算机——正是他梦中梦到的那个场景。原来，他掉入了一个五维空间中，在计算机的游戏中，小行星终于撞向了地球，伴随着一声巨响，那些声称永不塌陷的房屋都成了废墟，唯独那座小木屋挺立在那里，屋檐上继续在往下滴水。整个地球，看上去真的就像一颗晶莹的泪珠。那些附近的电磁波，就像一团虚无的梦，覆盖着地球人类更为虚无的梦。他望着地球上的夕阳，“唉，人类的落日，多像一个梦啊。”

★作家点评★

在小小篇幅中试图驾驭一个纷繁复杂的科幻题材，可见小作者的自信和野心。而无拘无束的想象也基于作者对科学的探索和志趣，仿佛随手一写的情节必然经过深思熟虑，也必须要经得住怀疑和推敲。这样的题材令人耳目一新，希望小作者继续保持对科学的兴趣，同时在文学上更严谨，更细致，写出更惊艳的作品。

39. 会做梦的人

谭子晴　沈阳市杏坛小学

我是一个八岁的小女孩，我的梦多彩绚烂，我的梦天马行空，我的梦新奇有趣，我的梦离奇神秘……嘘，我想悄悄告诉你，我的每一个梦好像都能实现，我是一个会做梦的人。

我先给你讲讲我印象深刻的第一个梦境。我刚刚上小学一年级的时候，报名参加了中国语文朗读大赛，那时候我才刚刚开始学习朗诵，这是我参加的第一个大型比赛。妈妈跟我说，你只要能在舞台上流利地朗诵完就算成功啦。我也觉得妈妈说得很有道理，所以我每天努力地背诵稿子，下课的时候还让同学们当听众，讲给他们听。所以，站上舞台的那一刻，我胸有成竹，自信地完成了我的第一次朗诵比赛。没想到我竟然获得了沈阳市一等奖，我们都不敢相信这是真的。妈妈说："去省里比赛的时候，我们就放松心态，因为我们参赛的目标已经达成了！"我却自信地对妈妈说："不行，我还要去北京参加全国总决赛呢！"妈妈笑了笑，没说什么。我感觉妈妈好像不相信我，我很不服气，我想自己一定要多多练习，给妈妈一个惊喜。我每天都会朗诵一遍给妈妈听，让她帮我指出缺点，我在学校也会朗诵给老师和同学们听，这样我就不会紧张，我感觉自己每天都在进步，感觉自己棒棒哒！就在省决赛的前一天晚上，我梦到自己去北京参加了总决赛，夺得了一个大大的奖杯，所有人都为我欢呼，为我喝彩，我开心极了！第二天，我在省决赛中一举夺得了特等奖，我真的获得了去北京的机会，我的梦竟然真的实现了，我感觉自己真是一个会做梦的孩子，好神奇！

我的第二个梦跟学而思有关。我在二年级的时候参加了“萌娃小讲师”的“比赛”。我的数学其实并不出色，但我真的太想去北京参加“博物奇幻之旅”了，所以我鼓起勇气报名参加了比赛。我跟我的好朋友说，我想去北京和全国的小讲师一起参加活动，大家都觉得我是在做梦：“沈阳赛区只选一位同学参加，你的数学又不是最好的，你怎么能选得上呢？”有的同学还暗地里嘲笑我。我心里有点沮丧，但是我是一个会做梦的人呀，以前的梦都实现了，为什么这次不可以呢？所以我认真思考，选了最有趣最能吸引人的数独，每天让爸爸妈妈当我的“小学生”，讲给他们听，一开始我总是讲错，但两周后，我俨然成为了一个出色的小老师，有互动，有点评，有重点，有提示，爸爸妈妈都为我鼓掌。真的很神奇，我在沈阳赛区决赛前又做了一个美梦，我梦到自己去北京参加了博物奇幻之旅，和全国的小讲师们一起夜宿海洋馆，一起去故宫儿童体验馆，我开心地笑醒了。但更神奇的是，我的梦再一次实现了，我真的在沈阳赛区的决赛中获得了唯一一个特等奖，真的来到了北京，认识了来自全国的小讲师们，一起开心地玩，一起开心地笑，这是让我一生难忘的最美好的记忆！我真的是一个会做梦的人呀！

有时候自己偷偷地开心，我为什么这么幸运，总是能梦想成真呢？我不知道为什么，但老师跟我说：越努力，越幸运！你是因为不懈的努力，才让自己的每一个梦都变成了现实。老师说得好像很有道理，我会一直努力下去，成为一个真正会做梦的人！

虽然我并不是一个作文小达人，但是我想去和全国的小作家们一起交流，一起学习。我也好想去茅盾爷爷的故乡看看，所以我自己练习写了好多作文。刚刚仔细听了邱华栋叔叔的讲座，认真做了笔记，希望今天晚上我也能做一个美梦，梦到自己来到了茅盾爷爷的故乡……

合上眼睑后，才是真的世界。

过完一天的人遍体鳞伤，无论是被老板扣去薪水的员工，还是被老师骂得一文不值的学生，在躺下后，都会去期盼着那个没有伤痕、没有失意的梦。他们也都会有着飘忽不定的目标，都会抱怨着上天的不公。“我抱怨着生活的艰难，嘲笑着别人的勇敢，要喝醉了助兴谈离散，显示出我的难堪。”

★作家点评★

小作者以会做梦为引子，讲述了自己小小年纪为梦想努力的心得。有梦想，肯努力，一步一个脚印地付出，换来丰厚的回报，所以才敢说自己做的梦都能实现，敢说自己会做梦。文章题材正面、阳光，自己的例子也更容易打动人，主人公“我”，热血、勇敢、不服输，富于性格魅力。美中不足是结尾有点画蛇添足，对文章并无增色。

40. 会做梦的人

马雪晴　天津市华苑枫叶国际学校

闭上双眼后的他们，心中动摇的信念忽然屹立，上天的不公变成了对他一人的赏赐。褪下一身西装的员工在这一刻明白了去向，梦中的他走进了那栋不能再熟悉的大楼，却变成了自己最不想变成的人。或许，他已经成为了自己的老板，他一边走向自己梦寐以求的办公桌，一边对着点头哈腰献殷勤的员工笑着，笑里藏了太多太多……他的灵魂随着老板走出办公室，却看见了自己，那个弱不禁风的自己，他看见自己被老板训斥得落下眼泪，又在转身后笑着对妈妈说过得不累。老板讽刺着，对戴上面具的“小丑们”说：呵，只会哭，不像你们，给我办了这么多事。“小丑们”一拨拨地走进老板的办公室，在他们嬉笑的身旁只有那些伤感却真实的人的无奈的面庞。

把满是尘土的校服放在椅背上的少年闭上眼睑，一张张空白的卷子；妈妈的无奈和同学的嘲笑忽而变成了几个同学围在身旁的讨好，原来梦境，真的会把人变成另一个模样。他开始过着众人吹捧的老师的角色，桌上的一杯杯热水都是同学的馈赠。下课时围过来的面庞，都是最熟悉的荒唐。偶尔训斥的桌旁，只有无奈地下塌肩膀，说你是真榜样。

天亮后的世界充满了希望，员工走在去往公司的大街上，沙子拂过脸庞，回头一躲，却看见了孩子的希望。那个母亲身后背着孩子，又挑了两百斤的水缸。身旁的横幅飘舞着，说你为什么会彷徨。他走近女人，接过水缸，告诉她，我来帮你扛。走进公司的大门，所有人的目光聚集，老板皱起眉，他说，我不会投降。他躲开了小丑的目光，避开了同事的赞扬，坐在椅子上，告诉自己，有了梦想，才有远方。

鸟儿的歌声叫醒了学生的畅想，他穿上了不太脏的校服，背上了破旧的书包，走在了出小区的路上，一片树叶飘过来，无视了他，飘向了旁边小朋友的胸膛。那个小朋友手里拿着一个不应该在他这个年纪出现的麻布袋，他站在树荫下，看着远处的滑梯，看着其他与他同龄的小朋友的笑颜。他走过去拿起麻布袋，对小朋友说，我来，你去玩一会儿。他看着小朋友的笑，旁边人正好说到，梦想才是远方。他把麻布袋还给小朋友，大步走向学校，班里的老师因为他身上的味道而皱起眉，面具下的“好心”同学们关上了门，又听到他说，你不懂我的赞扬。他放下书包，坐到椅子上，对“小丑们”说，你，是真“榜样”。

醒来后哭着笑了。

醒来后继续活着。

醒来后进入了自己的梦国。

★作家点评★

本文要表达的是：“原来梦境真的会把人变成另一个模样”，弱小的学生梦想着在梦中变得强大，想以现实的经历道出：无论如何，有了梦想，才有远方。

但实事求是地说，作者描写中梦中的得意，也带着一些卑微和不够结实。标新立异并非不守规矩，遣词造句发散凌乱，有些句子语意不清。希望小作者能够从此篇作文开始，强化写作训练，不要小看文通字顺，想取得写作的上成绩，这是重要的开始。

41. 梦

姜栀妍　成都市北站小学

梦，好似泡泡一般，梦幻却又有些不真实。儿时的梦那样的真，那样的纯。小时候的梦中，我做过很多的事。

我梦到自己是一只鸟儿，飞过了山川河流，飞过了高楼大厦，在电线杆下面，一个母亲牵着孩子的手，脸上是愉悦的笑颜。孩子的手上拿着冰淇淋，胖胖的小手一甩一甩。边上是一群刚放学的学生，他们背着书包，向校门处的老师挥手告别。红领巾在微风中轻扬。梦中的天极蓝，是不含一丝杂质的蓝；空中的云亦是极白，白如那一望无际的棉花地；梦中的空气极是干净，我是那飞于天空的鸟儿，是那般的自在，是那般的快活。我飞翔在这天空中，风从身边掠过，柔和而清凉。

这场梦，我梦的是自由。

我梦到自己是一株幼苗，在雨中成长。风吹过，摇下几片绿叶。风雨中，我逐渐长大，阳光照在我的叶子上。方才，下了一场雨，阳光照在雨珠上，反射着斑斓的华光。后来，我一天天长大，成了一棵大树。树下，人来人往。陈旧的房屋被拆掉，一幢幢高楼又筑了起来，最初在我树下玩耍的孩子也已成家。我也历经数个春秋，叶子绿了又黄，黄了又绿。

这场梦，我梦的是时间，也是变化。

我梦到自己是一只猫，一只很胖很胖的橘猫，我在阳光下熟睡，阳光照在我的毛上，很暖，很舒服。身旁有着几株薄荷，作为一只很胖很胖的橘猫，我一个翻身压了上去，然后便是一身的土。这家的主人有个孩子，她经常摸着我的头追着我玩，后来累了，就扑倒在床上。她笑着，我“喵喵”叫着。在那从窗户玻璃漏进的阳光中，少女聚精会神地画着画，阳光照在她的侧脸上，她画了一只猫，一只很胖很胖的橘猫，那只橘猫身旁有几株被压过的薄荷。我就这么立在她面前，做一只很乖的橘猫。

这场梦，我梦到的是友情，是陪伴。

我梦到长大以后我当了作家；我梦到自己穿越到了三国，和曹操对酒当歌；我梦到自己变成了一把剑，一把陈旧的剑，在金庸的笔下笑傲江湖；我还梦到了在微黄银杏叶下嬉戏的那群人，银杏落下了，他们的笑靥依旧，而其中有我，三十余人都还是青涩少年，未经历风雨，都是彼此至好的陪伴……

梦，梦一场，浮生一梦。何为梦？人的一生可是梦一场？梦是世间最虚幻又最为真实的东西。梦中的人，会做梦的人，又何尝没有那份期许，那份盼望与执念。

★作家点评★

文字信马由缰，在各种修辞中自如切换，通过生动、形象的语言描绘，引领读者进入各种情景，体现了小作者的文字能力。梦到自己是鸟，是幼苗，是猫，是作家，是剑，甚至穿越到三国与曹操对酒当歌，想象力为少年人插上了翅膀，在文学的世界里自由飞翔。但从整体看有一点散，结尾收得仓促，希望更具结构意识，能清晰地完成表达。

42. 会做梦的人

李慧颖　西安市西北大学附小

青桂是隔壁村老李家的大女子，除了脑子，我保证，她啥都好。

青桂这家有遗传——凡是生下的女娃，每周会有一天不做梦，是哪天也不一定，可能是周一，可能是周二……指不定哪天夜里，你就会听见青桂的呻吟声，那种延绵不止，带着嘶哑尾音的叫声，真是把人的心都要给揪碎了。就为这，不仅她自己的智力受了影响，在村里人眼里，包括她的家人，她就是一个疯子加傻子的结合体。

在我眼里，青桂这人挺好。她心地善良，总会在自己清醒的时候给不嫌弃她的我和小彤讲故事。她总是有好多好多的故事，总有一大半是我从未听过的——天上飞的鸟，水中游的鱼……生活中的处处地方，都有她故事的痕迹。我娘后来发现我和青桂走得近了，就把我叫到厨房谈话。心怦怦乱跳的我对着正在炒菜的娘的后背，看不见娘的神情，见她还沉默，也只好心中脑补娘训我的画面。过了半晌，娘开口："和青桂多聊聊天也好，她是个苦命的娃。"说罢，还叹了口气。

我和青桂愈发走得近后，同学们也发现了。他们称我为"傻疯子的朋友"。我自然很生气，谁知青桂居然在一天下午去胖揍了一顿其中领头的福娃。福娃的父母找上她家后，我就再也没见过她了。

再见青桂，是我上高中了。整整比我大十岁的青桂已经二十六岁了。后来我才知道，青桂揍了福娃后被告到局子里了，在牢里整整蹲了三年才出来。出狱后，她无处可去，她寻不着自己的家，就徒步去了大城市流浪，日日以乞讨为生。这一切，都是她亲口告诉我的。我笑着对她说：“青桂姐，你讲故事的能力还是不减当年！”她回复一个微笑，嘴角呢喃：“当年……”

青桂又一次消失了，在村里，除我外，没一人还清楚记得青桂这名字——对啊，她一走就是六年。有一天，她回来了，悄悄地回来了，只有我记得她的面容。青桂穿的还是走时穿的那件衣服，她两手空空，却一脸欣喜神色。她看见我，就对我说：“妹子，还记得我不？”“记得。”我还正为她的回来感到好奇呢，就听见她接着说：“我找到了！”“找到什么了？”“梦！我的梦！我花了十一年——终于，找到了……”她说着说着，竟落了泪，颗颗豆大的泪珠，一滴滴，落入了一个无梦女孩的灵魂和生命。

青桂又走了，又是四年，再见她是在报纸上，电视上，书本上——她是孩子们都很喜爱的童话作家。

我突然想起了她以前的疯话：“青桂有梦，青桂有梦！”

★作家点评★

一个被认为是疯子加傻子结合体的女孩，却原来是个天赋异禀的童话作家。小作者将有梦想的少女塑造得神经质、疯疯癫癫、不被世人理解，可见在处理典型人物上花了一番工夫。文章语言流畅，使用了大量口语，显得自然、生动。但是一些情节的转折上缺乏逻辑和交代，稍显生硬。尤其是如何成为作家被一笔带过，详略上的火候还有上升的空间。

43. 梦中的那一道彩虹

钱余立　上海市嘉一附小

老师曾经告诉我们，如果心中藏着一个小小的愿望，这个愿望就会在梦中浮现，而我心中藏的是一道彩虹。雨后天晴，天边有时候会挂着一道七彩拱桥，它是那么的梦幻，那么的美丽。

为了做好彩虹的梦，我专门上网查找资料，了解彩虹形成是因为光学现象，当太阳光折射到空气中的小水滴，就会在天空中形成七彩的彩虹。而且呀，彩虹有七种颜色，红色、橙色、黄色、绿色、蓝色、靛色和紫色。它们代表着五星红旗，代表着希望，代表着和平，代表着周围的树木，代表着远处的海洋。我想，了解清楚了这些，自己一定能梦到更美的彩虹。

每次入睡前，我都会期盼着那一道美丽的彩虹出现，这样，我的梦中就会是彩虹般的色彩。在 5 月 23 日的那个晚上，我真的梦到了彩虹。那是一个凉爽的夏日，我穿着自己喜欢的白色衣服，和小伙伴们在满是小野花的山坡上一起奔跑，一起快乐地玩耍。突然间，天空飘过来一片片深灰色的云彩，按照之前老师告诉我们的，是要下雨啦。正好，前面的半山坡上有一个小房子，我们在雨滴下落之前飞快地跑了进去，然后，就听到了窗户外面的雨声。

夏天的雨，来得快去得也快，不一会儿，灰色的云逐渐散去，阳光重新洒满绿色的山坡。我们走出小房子，吮吸着雨后清新的空气，突然间，好朋友喊道：“快看，那一道美丽的彩虹！”我顺着他手指的方向看去，彩虹正好挂在了半山腰，像一道长桥，连接着山的这一边和天的那一边。彩虹下绿色的小草和杂色的野花，像是透过相机滤镜观察周边，染了一种不同的韵味。而这个美丽的梦，在我心中持久回味，我也一直在想，何时那一道彩虹再次出现在我的梦里？

★作家点评★

小作者渴望在梦中看见彩虹，对彩虹的执着促使他学习、了解、想象着彩虹，享受着彩虹。只有少年人才会有如此单纯、美好的梦想。文章活泼明朗，富于童心，简明扼要，紧扣主题。但是整体看略显单薄。希望小作者更多思索，更富耐心，更加锤炼自己的语言。

44. 会做梦的人

唐盛盛　上海市宝山区实验小学

“梦”，一个真实而虚幻的东西。你说它“实”，它就“实”；你说它“虚”，它就“虚”。有快乐的梦，也有悲痛的梦。

这是一个津津乐道的话题。“日有所思，夜有所梦”这句话说得一点没错。古今中外，所有人都会做梦。梦，仿佛寄托着什么东西，使你向它学习、前进。

这些让我想起了南唐后主——李煜。他在位时只知道享乐，根本不知道怎么做“一国之君”。被俘后，为了逃避亡国之痛，他选择了做梦。他幻想“雕栏玉砌应犹在”时，昔日的宫殿早已“朱颜改”了。可见他多么可怜、悲伤，连梦中偷得的片刻欢愉都贪恋。可是皇帝毕竟是皇帝，于是他继续作诗词，做美梦，做着亡国奴！可惜他被宋太宗发现《虞美人》原稿，被用牵机药毒死。

为他人做梦的是杜甫。他被贬华州时正值“安史之乱”，他没有先为己而悲。他看到战乱给人民带来的疾苦后作“三吏三别”，道出了百姓心声。他在“茅屋为秋风所破”后，不但没想自己没房子，而是想着“安得广厦千万间，大庇天下寒士俱欢颜”，这样的思想，这等的气魄，是常人所不能及的。

为国而梦的是放翁。他年逾七旬，但壮志未泯，希望能在前线收复失地，做着这样的梦，但终究仍未得到“定中原”的捷报，含恨而终。

毕竟梦还是个彩色泡泡，要付出行动，而行动就是浇灌彩虹的雨水。我也做过考上哈佛、复旦等名校的梦，但仍要拼搏，拼搏才是唯一途径！

★作家点评★

小作者以李煜、杜甫、陆游为例，将梦归纳成人的精神寄托。从李煜的逃避之梦，杜甫的为他人做梦，陆游的为国而梦，总结出拼搏是实现梦想的唯一途径。文章在较短的篇幅中，尽量做到了例证丰富，围绕中心，文理通顺，紧扣主题。虽然有些观点难免武断、偏颇，但对于这个年龄的学生来说可以理解。小作者的激情和向上值得珍惜。

45. 会做梦的人——梦的启迪

张鸣远　太原市第二实验小学

人，是一种会做梦的生物。他们晚上睡着后，“梦之原野”就会向他们开启。尤其是七八岁至十一二岁的孩子，那里非常适合他们，在“梦之原野”里，人可以穿越到任何地方，不论好坏。如果“梦之原野”在某几天不再向某人开启，那么原因，就要他们自己找到。记住，“梦之原野”，是有生命的，你对它怎么样，它就会对你怎么样。

——题记

“梦之原野？”我一边翻着这本名为《梦的国度》的书，一边自言自语，“难道这是真的？我们的梦，都由此而来吗……”

（一）

夜，漆黑一片，城市中的繁星早已成为传说，大片的云朵遮住了月亮，我打了个哈欠，沉沉地睡去……

“小琪！你在哪儿？”隐隐约约地，我听到有人在叫我的名字。奇怪，我怎么穿着浅蓝色的纱裙？这翅膀又是怎么回事？正当我疑惑不解时，一抬头看见了我的好朋友小萱。她跟我一样，也是身着浅蓝色纱裙，一对可爱的小翅膀在一摇一摆地晃动。这时，突然有一阵清风吹过，我的大脑似乎已接受了这一切。

“嘿！小琪，我总算找到你了！刚才，我们与红甲锡兵战斗时，你被锡兵们的旋风阵吹走了，我好不容易才找到一些线索，发现了你。”哦，原来如此！我的记忆告诉了我之前发生的一切。其实，我与小萱是正义精灵族的一员，素来与无恶不作的红甲锡兵族为敌。可他们的法力超过我们不少，所以我们对作恶多端的他们无能为力。

（二）

“呜——”战斗的号角打断了我的思绪，也让整个精灵族紧张了起来。所有精灵排成整齐的方阵，向红甲锡兵逼近。“加油啊，小琪！”一旁的小萱带着斗志昂扬的神情说。是的，在这之前，我们已经练习了很久法力，没有问题！

容不得我多想，红甲锡兵们已经开始进攻了。他们先排成九曲法阵，随后又用武器凝聚力量，速度快得惊人。“不好！”我心头一紧，九曲法阵的威力可是不亚于高级法阵——黄沙诀的呀！看来，一场恶战不可避免了。

锡兵们使出了九曲术攻击，精灵们就发射防御晶牌；锡兵们大放混合术，精灵们便凝聚了海洋之力来抵挡……双方斗得不亦乐乎。这时，锡兵们却突然停止了攻势。

（三）

时间仿佛静止了，锡兵们个个站在原地。我突然觉得这寂静有着不同寻常的意味。似乎是为了验证我的想法，锡兵们猛然间丢下了武器，诡异地快速移动……

待锡兵们停下来时，我才发现了其中的奥秘。锡兵们要发动总攻了！我还没来得及喊出这句话，一股巨大的力量便扑面而来。我和小萱虽然紧紧地拉着手，竭力保持不被吹翻，但是也没有效果。我们重重地撞在了一个树桩上。见精灵族全面崩溃，一大群锡兵纷纷发出得意的笑声。我的心情低落到了极点，但在听到锡兵们的笑声后，却想到了精灵族的信念根源——让世界变得更美好！

（四）

“让世界……变得……更美好……”我吃力地说，锡兵们听见了，笑得更厉害了。可小萱却抬起头，对我说：“对，这是我们精灵族的信念！”我坚定地点了点头。突然之间，我们俩的身体同时发出了金色的光芒，照亮了整片世界！锡兵们痛苦地倒下了，我们击着掌，欢庆胜利的到来！精灵族万岁！正义万岁！

“小琪，起床啦！”妈妈走进我的房间。起床？那精灵呢？锡兵呢？呵呵，原来是一场梦啊！我不禁笑了，不过，如此真实、美好的梦，怎不值得我们花一晚上去梦呢？梦境，其实也是我们的好老师，坚持就会成功，这，不是梦教给我的吗？

★作家点评★

小女孩和小伙伴一起变身正义精灵的神奇故事，她们身穿浅蓝纱裙，挥动翅膀，与红甲锡兵作战。文章思想活跃，情节曲折，虽是少女童真、梦幻的异想天开，却有美丽、庄严的格调。只是人物塑造上稍欠火候，主人公在这一类弘扬正气的形象中略显千人一面，没有自身不可替代的性格。希望今后更注意塑造人物，多考量故事的逻辑，更上一层楼。

46. 我梦中的雨

蔺昕翔　兰州市畅家巷小学

也许是身处黄土高原缺少水的润泽，我时常梦到自己化成一朵白云在蓝天上自由自在地飘荡，然后变成一滴滴雨点洒落到四面八方。

梦中的雨是平静而略带一丝忧伤的。雨水顺着房檐流下来，像断了线的珠子，滴落在石头上，似乎成了大地的独唱者。我知道无论是古代还是现代，大多数文人墨客也总是和我一样，认为雨是天上的眼泪。《春雨》中有“红楼隔雨相望冷，珠箔飘灯独自归”，《浣溪沙·漠漠轻寒上小楼》中有“自在飞花轻似梦，无边丝雨细如愁”，白居易写下“青草湖中万里程，黄梅雨里一人行”。这些诗句都让我梦中的雨带有一丝丝的忧伤。

下雨时，若有若无的雨丝，断断续续，若隐若现，好像挂在空中的珠帘。渐渐地，雨越下越大，雨点连到一起变成了从天而降的幕布，似乎要在这幕布之后隐藏不可告人的秘密。

梦中的雨常常是欢快又带着灵性的。我在云端慢慢地飘浮，品尝云朵棉花糖般甜甜的味道，听着鸟儿快乐的鸣唱，轻抚着珠穆朗玛峰的肩头。我可以在太空自由遨游，看看宇宙到底有没有边际，到底有没有天使，睁大眼睛寻找着新大陆。累了，我就变成雨滴降落到人间。雨水洗刷了污浊的空气，带给大地新的生机。草，探出头来，竹，又增一节。小孩子不乖乖打着伞，欢快地在雨中玩耍，偏偏转动伞柄，让落在伞上的雨点飞速甩出一条直线。老子说过，“水利万物而不争”，雨水掠过果园，果树变得枝繁叶茂；掠过田野，五谷丰登；掠过山林，树林焕然一新；掠过荒山，新芽萌发。

这就是我梦中的雨。我喜欢下雨时的感觉，更喜欢下雨后呼吸到清新芬芳的空气，雨天让我心旷神怡，更让我领略到大自然的美丽之处。

★作家点评★

从各个角度描述雨的审美意义，又要和征文的主题——梦结合在一起，有不小的难度。小作者有尝试的勇气，但是在贯彻过程中出现了一些偏差，虽有让人眼前一亮的句子，但整体略显散乱，没有达到写作的初衷。有一些奇思妙想，但又过于信马由缰，段与段之间的连接显得过于跳跃。能看出小作者有想法，有一定的阅读量，也试图展示自己的才华，希望今后更注意锤炼细节，才能更准确地实现表达。

47. 会做梦的人

吴越　北京市海淀区七一小学

我是一个会做梦的人。在梦里，我遇见过各种怪兽，经历过很多危险。其中有一个非常特别，我从未向人提起：在梦里，我是一个能复生远古动物的古生物学家，我让剑齿虎、猛犸象、恐龙等神奇的动物真实地展现在世人面前，跟我一样喜欢古生物的人可以尽情欣赏它们。

2038 年，一个普通的早晨，我照例被阿尔法叫醒。阿尔法“脸”上闪烁的指示灯说明它心情很好。

“早！阿尔法，今天是晴天？”我边穿衣服边问。

“是的，Doctor 吴，气象局就是这么善解人意。”

人类此时已经可以控制天气了，今天正是大多数人喜欢的晴天。

我坐在桌前开始享用阿尔法为我准备的早餐，同时对它说：“让我看看华华。”

从阿尔法的胸口发出全息投影，一只威风凛凛的剑齿虎出现在我面前。它就是华华。

华华是我们复活的第一个远古生物。我们在剑齿虎化石中找到了可利用的 DNA，并用现代的科学技术复制了它，给它取名中华剑。此刻它正在数万里之外的南美洲大草原研究所。那里是它的祖先生活过的地方，比人工草原更适合它。

华华跟它的祖先完全一样，无论动作、习性，都是威风凛凛的王者。它的两颗上牙好似利刃，特别长，可以把任何东西撕碎；它的上肢和双肩非常强壮，捕食时可以像“泰山压顶”，所向披靡；它的皮毛油光发亮，生气的时候会爹起来，显示它身为百兽之王的威严。

华华是一只雌虎，现在正处于繁殖期，并且顺利地怀上了小宝宝。我真的希望它能早点生下几只小剑齿虎！

吃过早饭，我要去研究所了。BoBo 已经等在门外。BoBo 是原子能驱动的无人驾驶飞行器。我坐了进去。

“早，博士。去研究所？” BoBo 问。

“早，是的。今天你也要小心地飞哦。”

“嗯嗯。” BoBo 一边敷衍我，一边开始了它喜欢的高速飞行，丝毫不顾及会晕机的我！

我叹口气，也好，可以快点见到华华了。

BoBo 飞过了河流、山谷、大片森林和沙漠。它飞得兴高采烈，而我，在努力压制胃里的早饭。

突然我腕上的传呼器发出了警报，接着助手汤姆的声音传了出来：“Doctor 吴，华华可能要生了。”

我对 BoBo 说：“看来你要加速啦。”

BoBo 愉快地说：“好嘞！”

在一段超速飞行之后，我头晕目眩地下了飞行器。

来不及跟 BoBo 再见，我就跌跌撞撞地跑进华华的“虎穴”。

汤姆已经在机械助手的帮忙下安顿好了华华，我冲过去，华华显得特别难受，浓密的鬃毛被汗水打湿。它看见我，勉强冲我眨眨眼，痛苦地低声咆哮着。我焦急地说：“华华怎么了？是我们复生技术中有关生殖的遗传基因在克隆时出现错误了？生育过程中副作用显现，所以华华才这么痛苦？”

汤姆说：“华华离预产期还有 12 天，我们预约的动物生育专家正在外太空 X 星球考察，一时赶不回来，怎么办？”

我深吸一口气，慢慢吐出来，沉声说：“没关系，让‘白求恩一号’和专家保持通讯，指导我们帮华华生小虎。”

此时，我心中焦急，表面上却不动声色，我要做“定心丸”，不能让大家心慌。慌乱会失误，华华也能感觉到。

我的镇定起了作用，大家有条不紊地工作着，华华也不再咆哮，安静下来。

智能医生“白求恩一号”和专家连线成功，我们按照指令给华华注射了药物。华华开始“发动”了，它仿佛得到了无穷的力量，使劲地为小生命的到来而奋力拼搏，我心疼地抚摸着它，安慰它，鼓励它。华华的肚子大得不能再大了，像一个圆球，它时不时发出为新生命战斗的怒吼，吼声混合着痛苦的呜咽。终于，一个小猫似的东西出现了，皱皱巴巴的，华华用舌头一下一下地舔着它。我高兴地挥舞拳头：“太好了，生出来了！”

大伙都凑过来围观这个可爱的小东西。它是那么柔软，那么稚嫩，连眼睛都睁不开，哪有半分猛兽的样子啊！

过了一会儿，华华又生下一只小虎。然后，智能医生为华华和小虎们做了检查。华华一切都好，小虎一公一母。我捧起小虎，小心翼翼，像捧起空中飘落的雪花，怕它化了，又怕它掉了。它们又轻又暖，粉嫩粉嫩的，静静睡在我手上，可爱得不要不要的。

我对它们说：“你们是古生物复制后生下的第一代宝宝啊。厉害了，你们！”

小虎可能听到了我的声音，睁开眼睛打了个哈欠，露出标志性的尖尖虎牙，这才有了点远古霸主的模样。大家都笑了。

“宝贝，起床了。”一个熟悉的声音在耳边响起。我勉强睁开眼睛，眼前不是阿尔法，是妈妈！

“做什么好梦了？都笑出声来了。”妈妈问我。

我不吱声，立马起床开始穿衣服。平时我可是要赖床的，以后不、会、了！人，光会做梦是不行的，不努力，梦也就只是个梦。我要早早去学校，从今天开始加油，争取让我的梦早点儿成真！

★作家点评★

2038年的未来背景，主人公复活了远古生物剑齿虎，并帮助它成功繁衍，产下了幼子。小作者敢想敢写，叙述稳健、自信，以大胆、新鲜的素材带读者畅想了未来科技的可能性，小小年纪便展示了超群的想象力和可圈可点的独到想法。也许是篇幅所限，要表达的信息量比较多，一些细节稍显随意、缺乏推敲，在今后的写作中稍加注意便可。

48. 梦

陈奕彤　上海市同济大学附属存志学校

梦大概是人们最难以解释的事物了。

庄周梦见自己成为了蝴蝶，谁也说不定确是一只蝴蝶，在月高的夜晚，梦见自己成为了庄周。古人们很早就开始解梦，认为梦能够占卜命运，或预知未来。可是直到科技发达的今天，也没有哪位科学家，给梦这一现象，做出合理的解释。

我喜欢做梦，因为只有梦是真正属于你自己的空间。在神奇的梦境中，摆脱世间一切杂念，摆脱那些连累自己的称谓，来到一个谁都不知道的未知空间。肆无忌惮，狂言乱语，做一些，想做而又不敢的行为。这里没有约束，没有条条框框，可以放任自己，在短暂的几个小时之中，创造一个属于自己的奇迹。

梦是神秘莫测的，有时候梦中会有一刹那独特的感觉，是现实生活中似曾相识的。梦是个哲学家，一梦醒来，前一天晚上暴怒的心情会平缓很多。梦中的情节是独一无二的，是自己的专属打造，有些梦就像深奥的寓言，给我们的现实生活带来许多启示。

我是个记忆力比较强的女孩，有些感性化。记忆里，有一些感触极深的梦，醒来之后，脑海中依旧是那一幕幕的重播。那个梦，好像特别特别长……

梦中，我深吸一口气，学着以往在梦中飞翔的方法，在蓝天中翱翔，神气地俯视着大地，享受着失重的感觉。我飞得越来越高，身边是大块大块纯白色的绵绵云朵，抬头看就是一轮太阳。

你飞得那么高，想去时间旅行吗？

耳边的话外声，响起，这是在梦中，我和我自己对话的方法。

时间旅行？是想让我和光比速度吗？我身体晃了晃，努力又保持了平衡。

你可以回到过去啊！你不是总想返回那些选择的路口，重来吗？

可我飞不了那么快。

我可以带着你回到过去。

“呼”的一声，狂风骤起，地上的落叶扫荡着，灰尘飞扬，我艰难地闭上了眼睛，不多久，我感受到自己的背后靠的什么柔软的东西，我眯起眼睛，在医院的产房里，隐约看见了，身上那粉红色的格子小被子，妈妈躺在一边，疲惫地微笑着看着我。周围的声音有些嘈杂，边上站了一群人，应该是外公外婆等等。

这是我出生的时候吗？

2005 年 7 月 6 日，这是你最想回到的时候。

是你带我来这个地方的吗？

我可以在这个地方暂停吗？

这里是我刚刚开始的地方吗？

我留下可以吗？

风呜呜地吹了起来，我只得闭上眼睛，过了一会儿，隐约又听见那个话外声，到了。

我睁开眼睛，这个地方好熟悉。我蹲在草坪上，地上散落了金黄色的落叶，身边是儿时最好的玩伴，回过头，外婆手上拎着那个紫色的小袋子，和我伙伴的外婆聊天。

这不是装修前的公园吗？连草坪边上长椅的棕色油漆都没变。天天？你不是去美国留学了吗？小辫子？你不是已经剪了短头发了吗？君君、臣臣，你们俩不都进少体校了吗？训练那么紧，还来陪我们玩呀。

这是你 4 岁。

哦，我四岁啊！

那太好了，还没有作业和考试的压力呢。

那我就在这一站停吧！

我最喜欢闻落叶和芳草夹杂的气息了，可是自从公园装修了以后，那片青青草地改成了儿童游乐场，再也闻不到那童年的味道了。

停吧！

风又刮了起来，仿佛故意和我作对，我使劲用力，想留在公园的草坪上，可耳边的嬉笑声越来越轻，最后在风中消失了。

终于停了下来，我越来越分不清这到底是不是梦了。天花板上，雕刻着弧形的花纹，墙还是熟悉的米黄色？我坐了起来，外公坐在床边，摸摸我的头：醒了，酒酿桂花熬好了，晾着呢。

就是你小学前最后一个暑假了。

我最喜欢喝外公做的酒酿桂花了。

后来那家酒酿店搬走了，我都没喝过那么好吃的酒酿桂花呢。

让我停吧，拜托了。

风还是刮了起来。

停在了自己家的床上，妹妹睁着大眼睛，好奇地看着半大不小的我，她支支吾吾的，还不会走路，脸上是被我扮的鬼脸哥哥逗出的笑容，嗨，这种感觉真好。老妹，还不那么调皮呢。老妹摸了摸我的脸，我下意识地护着我的眼镜，眼镜怎么不见了？哦，这时还没有近视呢？

就求求你了，让我停下来吧！

我一定保证不近视。

风又吹了。

吹了好久好久。

吹过二年级的书房，我还在拼命地顶着，我的大门牙，结果越顶越歪。

吹过图书馆，妈妈监督我写作业，让我把头抬高，我倔强地偏不听。

吹过小升初的晚上，让我背单词，我偷着做白日梦。

吹过……

我最后苦苦哀求着，停下来好吗?

那个声音又响起来，你还是你啊！这是你的时间，没变呀。

可是我想回到过去，我想重来一次。

珍惜你现在的时间吧。

回不到过去吗?

回不到的。

我醒了，泪痕还挂在面颊两侧。

梦不是现实，但是我突然觉得自己失去了很多。

那就珍惜当下吧，早些明白这个道理，至少比晚强。

这大概是我印象最深的一个梦了，这个梦是那么长，那么长，以至于我都不觉得我是在几个小时之内走过了那么长的一段路。

感谢这个梦，别让未来的自己后悔。

★作家点评★

陈奕彤这篇文章，从做梦回到自己生命过程中一个特定的年月——2005年7月6号，来呈现对自己成长的反思，对时间流逝的回忆，对成长细节的再审视，得出了“别让未来的自己后悔”这样一个结论，很不错。因为人的成长过程是不会逆生长的，因此，带着审视的眼光来看待成长，是我们能够获得成长价值的重要方法。

49. 会做梦的人

张锦添　长沙市湖南广益实验中学

你见过凌晨一点的夜吗？我见过。那是一座座城市除却白日最热闹的时候呢！大街小巷中飘荡着和我一样、出来为不会做梦的主人偷梦的影子。

“铛铛——”

我一下子惊醒。钟声是全镇最幸福善良的罗琳奶奶敲的，她有一个最会做梦的主人，每夜都可以分享许多五彩斑斓的梦，所以她也有一副好心肠，每夜都敲着钟穿越小镇，唤醒需要为不幸的、没有办法造梦的主人而忙碌的影子。

我叫卢娜，我的主人是一个可爱的小女巫，但她不太会飞，这个礼拜已经从扫把上摔下来七七四十九次了，她的父母急得不行，恨不得她一天二十四小时都在扫帚上练习，这让她苦恼得梦都做不了，我为此干起了出生十多年从未接触过的偷梦的工作。

我悄悄蹬蹬脚，把我在月色中发出银光的脚和小女巫穿着条纹袜、紧紧蜷缩的小脚从粘连状态解放开来，在离地面几寸的空中晃荡着跃出窗户，落入银灰色的人群中。

满街的发微光的影子。听说二十年前，要干这一工作的影子几天都没几个，那时的夜才叫寂静呢！

“你好，卢娜，小姑娘还在从扫把上往下摔吗？”这是一个很老很老的影子。他慢吞吞地向医院飘去，为他衰竭的主人偷一个新生儿年轻的梦。

“是啊，阿不思爷爷，今天又有十七次。”

一个同龄的小影子从窗户中探出身子，“嘿，卢娜，我的小主人摔了十九次呢，可他爸爸妈妈一点都不担心，老满怀信心地鼓励他，他天天都做着翱翔天空的好梦呢！你要一个吗？”

“谢谢，不用了，我在考虑找格斗士偷一个怎么受伤都不会疼的梦呢。”我开玩笑道，羡慕地叹了口气，“祝你入梦愉快！”

我飞速向前滑行着，心里想着在父母责备的眼神中回到房间的小女巫，她往床上重重一扑，一下把我甩到地板上，那可真是疼，怎么乔治主人的爸爸妈妈总能脸上带笑啊？夜风凉凉的，在影子的身上刮出小小的光点，一个个小点飘舞着，自在地耗尽了几秒钟的光华，隐没于空气中。

我最终停在了市中心的大树前，树上住着一只昨天刚刚涅槃重生的凤凰。他们这个族群每活一百年就要把自己烧成灰烬一次，重生的幼鸟从灰中爬出，羽毛都没长齐，长大、覆羽、学飞，一切都要重新来过。其他小巫师欢笑着飞行的梦前天就不管用了，我希望凤雏自由的美梦能有所帮助。

我把凤雏流着哈喇子的梦装进口袋，鼓鼓囊囊地隆起一大块，隔着麻布，我都感受到了梦散发出的干净甜润的气息，让我想起主人小时候，我坐在她床头，一个一个飞快地蹦到我面前的梦。那时的我是跟罗琳奶奶一样幸福的，可现在为什么不了呢？为什么除了忙得没时间做梦的中年人，老得没办法做梦的老年人，越来越多的孩子也不会做梦了？是长大夺走了他们做梦的能力吗？我想不通，只好不再继续折磨大脑。

当我把梦装进小女巫空洞而昏暗的夜间大脑时，我看见她抿起嘴，轻轻地笑了。于是我又有了信心——大概明天她就会飞了，然后就又会做梦了吧！

★作家点评★

张锦添的这篇文章，角度新颖，叙述十分清新巧妙。文章的开头就写了在凌晨一点钟的时候，大街上飘荡着不会做梦、但却是会偷别人做的梦的影子，由此带领我们进入到了一个奇妙的想象的世界，主人公在城市上空飞翔，见到了各种奇妙的动物、凤凰、女巫，等等。最后，主人公把梦装进了小女巫的夜间大脑，女巫也会做梦了。这样的想象力天马行空，带有着文学想象的独特魅力，也赋予了梦这一大脑活动更多的内容。

50. 会做梦的人

张馨玥　武汉市首义中学

梦，可以很近，可以很远，在身边，在心里。

我爱做梦，小时候读着公主童话的书，梦见自己变成漂亮的芭比公主，聪明仁慈、勇敢善良；看着云朵，就梦想着能在上面盖一座柔软的棉花糖城堡，城堡里摆满彩虹糖、棒棒糖；望着蔚蓝的大海，我仿佛能变成一位美丽的人鱼公主，在海洋里和鱼群嬉戏，和浪花舞蹈……

所以，我算一个会做梦的人吗？

当然不算！这些不过是所有人童年都有的梦，天真美好，幼稚却可爱。

“忆眠时，春梦困腾腾。辗转不能起，玉钗垂枕棱。”“桃花气暖眼自醉，春渚日落梦相牵。”读过诗词，我方觉得梦可以这样飘逸，可以这样绝美。

于是我做起我的文学梦，慢慢地便沉醉在其中。周末的空闲，便都是拉着妈妈陪我去书店“搜刮”我爱的诗词散文，然后回家就一头扎进去“埋头苦读”，深深地喜欢上李白“长风破浪会有时，直挂云帆济沧海”的豪放；喜欢上李清照“莫道不消魂，帘卷西风，人比黄花瘦”的凄凉；更喜欢诗词的风情韵味、平仄韵角。

渐渐地，便觉得只读不过瘾了，我竟有了提笔的冲动，于是从开始的拙劣，到些许的流利，我对诗词发展到着魔的喜欢。在作文中，我引用大量的诗词；在课堂上，我脱口而出许多跟课文有关的诗词。同学惊讶的眼光，老师赞许的目光，我的作文水平一步步攀升，当我得到作文竞赛的一等奖时，我就像是打了胜仗的将军一样自豪。

原以为文学梦就这样一步步在向着我走近，可是事实却像一首歌唱的一样——“如果骄傲没被现实大海冷冷拍下，又怎会懂得，要多努力，才走得到远方……”我的作文在过多而造作地追求诗词般的华丽后，竟越来越跑题。每一篇作文虽用着馨香的文字，堆砌起来却是一片空洞，悲春伤秋变成了无病呻吟的做作。

难道是我的梦错了？或者说我不应该有文学梦，不应该有诗词梦？

梦想，它就是隐藏在我们内心深处，它在我们的心中悄悄地发芽，它靠我们的努力慢慢开花结果。雄鹰的梦是翱翔天际；鱼儿的梦是纵横海洋；名牌大学是学生的梦。每个人都有自己的梦，都有为梦想奋斗的权利。所以我现在的权利依然是努力做梦，不能因为挫折而停下奔向梦想的脚步，我也许现在还不能让我的梦想开花，但是只要有梦想，就有希望，就有动力，就有一种无论如何都要完成的毅力。

我会继续我的写作，接下来我会戒骄戒躁，放下一颗急进的心，不耽误每一门功课的学习，像妈妈说的，用一颗朴实的心来感受世界，用一支载着梦想的笔，细心地描绘我的所见所闻，让大家都能看懂我遇见的美丽。

午后的阳光下，我抱着刚写的一小沓文章，走到公园里小时候荡过的秋千，坐上去，轻轻地荡起来。耳机里播放着那首范玮琪的《最初的梦想》，“把眼泪装在心中，会开出勇敢的花，可以在疲惫的时候，闭上眼睛闻到一阵芬芳……”，“雅趣煮清月，尘心对亦移。青春既有梦，只在鸿鹄心。”每一个青春的梦想，都值得去追寻，即使它很可笑，但它是我们用最无悔的青春书写的。

谁都可以做梦，但是我要做一个会做梦的人！所以我的梦在诗里，我的梦在词里……

★作家点评★

这篇文章更多的地方在论述主人公的梦想如何实现，是一篇带有议论特点的文章。主人公有文学梦，但实现这一梦想会有不少困难，主人公也充分地认识到了这些困难，并且提出了一些解决的办法。作者对自身提出了很多要求，最终确认自己会实现自己的梦想。是一片文风朴实、文字准确的文章。

51. 会做梦的人

李同宸　成都市嘉祥外国语学校成华校区

从前，有一片很古老的森林，在这森林里有高大的梧桐、挺拔的银杏和各种各样的树木。

有一天，在森林腹地一片肥沃的土地上，长出了一棵小小的树苗。

小树苗慢慢地长大，熟悉了自己周围的环境和其他树木。

有一天，它问道："大柏树，我们会死吗？"

"一切都有始有终，我们也不例外。"

"可是，既然我们不能动，生长有什么意义呢？"

"这没人知道。但我明白，我们一定是有用的。"

……

对话就这样中断了。

这天晚上，小树苗一直在想，既然连见多识广的柏树都不知道，那么我们到底有没有用呢？

整个晚上，它梦里都一直在想这件事。

第二天，阳光透过树梢，在地上投出斑斑光点，森林中鸟鸣虫叫，很是惬意，小树苗也陶醉在这夏末秋初之时。

突然，远处山坡上传来一阵阵噪音，打破了这宁静。小树苗感到很反感，似乎是本能地对这种声音感到厌恶。

"这是什么声音啊？大柏树。"

“让我看看，”大柏树说，“是有人类在砍树！”

“砍树？”小树苗不懂。

“就是把我们锯断。”

“那多可怕呀！”小树苗惊呼。

“不过，那也许就是我们的价值——被人们砍了做成工具、家具。”

……

对话又中断了，很难说愉快，又不能说是不愉快。

那天晚上，小树苗一夜未眠。

它在想：难道我们只能被人操纵才有价值，活着才有意义吗？

又有一天，小树苗观察到，有些树木开始落叶了，森林的地面上一片金黄。

它说：“我在这个季节出生，一定是有含义的。”

于是，它经过一番讨教后，明白：任何树不能在冬季开花。

但是，它想：既然我现在无法明白活着的意义，那就创造它吧！

于是，夜里，它做了一个清晰的梦：在冬季里开花了。

醒来，它想：如果要在这样一个寒冷的季节开放，就必须拥有强大的内心能量、丰富的营养做铺垫。

于是，它开始拼命吸取土地中的养分，为实现这个梦做铺垫。

可是，当它把自己的梦告诉其他树木时，它们却哈哈大笑，嘲笑它的梦，嘲笑它。

不过它并不因此放弃。

当别的树木都在掉叶子时，它紧紧守住内心的能量，竟没有长出叶子。

在第二个月中，它不仅注重汲取地里的养分，而且还尽量地加快伸展腰肢。

短短三个月，它已经长成了完整的树木，别的树惊呆了，但它却说：“离我的梦，还不够。”

于是，它又一次憋住心中的能量，不使自己因拔苗助长而暴毙，也为开花做铺垫。

终于在一个寒冷的清晨，它感觉力量已经足够，于是开始慢慢地释放内心的力量。

花开。

一股清而极香的味道传开，传遍了整个森林。

树木们闻到了，一个个注意到了它。

“这，这是！这是梅花！”柏树惊呼，它这一生之前都没有见到过梅花。

清香还在不停地散发着。从前的小树苗实现了自己的梦，也明白了活着的意义。

……

咦，是谁在轻轻地抚摸我的后背？我睁开眼睛，原来是妈妈。

看着妈妈心疼的目光，我一下子清醒过来。原来，我昨天熬夜做作业太晚，竟然趴在桌子上睡着了，我就是那棵梦中的小树苗！

想着那一缕缕清香，我重新拿起了自己的笔。

★作家点评★

这篇文章通过做梦，带入到一个童话的世界里。在这个世界里，小树在成长，大树也在成长。但小树的苦恼是不知道死亡会不会降临，但大树则以人类砍伐森林的情况，来告诉小树，成长必须要面对这一困境。最后，小树绽放出梅花，成为了释放香气的树，成为了自己。以做梦来切入，以童话的方式来比喻人的成长，是这篇成功的文章最巧妙的地方。

52. 会做梦的人

施予越　上海市民办进华中学

天地之间有十二司，殊不知更有“春梦”一司。其中设有天罡地支共一百零八橱，书写多人的梦境。却说如今一百零七橱的玉卷已散布在天地之间，唯有一橱可供人翻看。暂且不提。

话说黄沐仁梦见一道人给他一枕，说是让他睡下。他便先煮了一锅黄粱，便沉沉睡去。恍惚之间，他仿佛正踱入一人寝室。只见墙上挂着一副对联：

嫩寒锁梦因春冷
芳气笼人是酒香

沐仁一惊，墙上皆是一派花红柳绿之物，正方回身，又撞见一女客，避之不及，就忙忙跌撞出去。那女子却叫住他：“沐仁，等等我吧。我们一同去吃饭。”他也只好应了。

来到餐室，桌上陈设了一个大锅，几个水晶缸与许多的碟碗，待众人坐下后，他方尝了一道菜，形似豆腐，味道却是火腿之香。不待细细问来，那管家就介绍道：“这是豆腐球，大厨也颇费了些精力。先需剜出成球的豆腐，吸饱了火腿的香味。再是用面粉裹上，到热油里炸酥，凉个几日，方可品尝。……”他见桌上有其他的味道怪异的美味佳肴，念不出名儿的山珍海味。还有饭后的茶，说水是由去年的雪融成的，做了梅花茶……

在这奇怪的世界中，他享尽了荣华富贵，当过了豪门贵族。可怪的是，一日清晨，他正忙着梳妆，却听得大钟敲得四声响，他母亲过世了。紧接着一帮壮汉进家门抓人，他也被罢了官。只剩得一间空屋，以及无限的回忆。

忽然，他醒了过来，那锅黄粱仍未熟。他只记得在梦中，他享年 40 岁，死时已流浪街头，一切富贵都突然散去，就“好似食尽鸟投林，落了片白茫茫大地真干净”，“一载赴黄粱”。

放下书卷，细细看了名字，此“黄粱梦”是也！

一一翻阅后，其余书卷都无味得很。清空橱柜后，发现有一木箱，打开一看，正是从预备到高三所有长课文的集锦，附一书卷“课文梦”。

书卷上记载着中华人民共和国上海市普陀区 XX 中学的预备六班班主任让学生抄课文的记录以及经典语录。

其函数表达图像为：

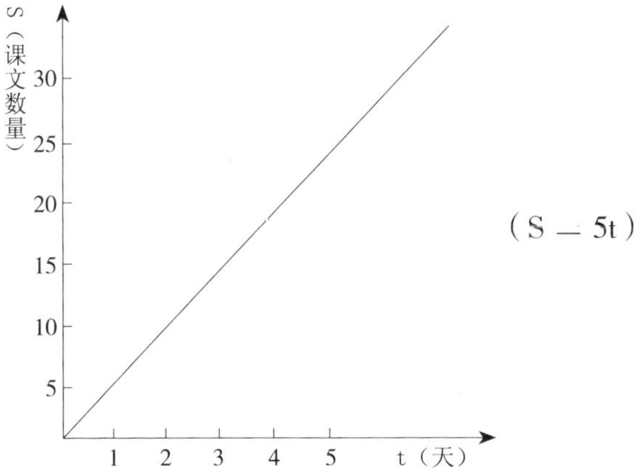

同时也附有约 50 篇课文:《为少年轻唱》约 30 篇,《假如给我三天光明》约 15 篇,《中国石拱桥》约 5 篇。

潘俊玮是我班抄课文最多的一位学生，他也曾有一梦：他因坐姿不正，罚抄 2 篇课文；做不出题目，罚抄 2 篇课文，不在校内做作业，罚抄3篇课文；上课讲话，罚抄2篇；抄了许多课文后反抗无效，5篇课文；复印课文，再抄20篇！他也说：“幸好这是梦，不然一篇课文要用100元来抵，要交6800元！不然岂不是要抄死？”

我们都是会做梦的人，做的梦也千奇百怪。但做了那么多梦，现实仍不会改变。我们也不需忽喜忽悲，只需心如止水，不为梦所惊，乃是立足之境。是方干净！如此才能摆脱这司的束缚，达到人生大乘之境！

★作家点评★

这篇文章有着非凡的幽默感，从梦想入手，告诉了我们梦的可能和梦的滑稽。结构上，这篇文章分成了鲜明的两端。前面第一段，是对黄粱一梦的再解释，而有意思的是后面的一段回到了当下，在眼前，作为一个中学生，在一幅有趣的函数表达表的解释下，我们看到了作者同学所做的一个噩梦——被罚抄作文。于是，梦想的有趣和现实的复杂找到了一个借口。作者有着很好的写作未来。

53. 会做梦的人

王雨萱　天津市双菱中学

风华裁做留白，抖落一身尘埃。闲暇时，月下独酌，花前沉醉。仰望星空，潮起潮落，岁月摇动四季的风车，渲染着星星点点的梦。

平凡普通的外貌和沉默寡言的性格构成了这个不起眼的我。平日，在与数理化打交道之余，我最喜爱的便是写作。一字一句构成一文章，一花一木构成一世界。我似乎从未想过要用这项喜爱的事物去获得些什么。出乎意料的是，在一节语文课上，老师在班中宣布——我是年级唯一作文满分的同学。在那一刻，我笑了，也愣了。或许是一次的成功激起了昂扬的斗志，或许是分数让我明白了竞争的激烈和攀比的压力——我给自己订下一个目标，一个小小的梦想：在每次考试中，我都要全力以赴，争取摘得作文状元。

下一次作文考试如约而至，揭晓成绩的时刻即将到来。阳光温柔地抚触着校园的每一个角落，云也销声匿迹。蓦然间，只是那一声轻轻的叹息，像一片破碎的玻璃片，悄然在心中留下永久的吻痕。那一刻，如坠深渊。

“作文满分的同学竟然只得了班级第五名？真不敢相信！”一直把我当作竞争对手的同学在嘲笑我。或许是那句嘲讽声太大，我感觉全班三十几双眼睛都望过来，定格在那份翻扣在桌面的试卷上。眼泪渐渐盘旋于眼眶，在同学们的眼神中，我似乎看清：有疑惑，有惊讶，有担心，也有嘲笑。在一片片宁静与窃窃私语中，心似乎被拧着转了一圈。那句嘲笑声依旧在耳边嗡嗡作响，或像一口大钟，撞击心的同时也默默留下了痛的回声。

“做不到的话就不要强迫自己啦，轻松最重要啊！”我不忍心回头，也不忍心点头去作答，因为我怕充斥眼眶的热泪掉落。朋友的话我理解，但在一片失落中，依旧有那样一丝不甘——似乎老师骄傲地说出我成功的那个片段依旧在眼前。或许我真的一直在做梦，做着一个看似荒唐而坚定的梦。

不知一时的流浪，会不会迷失了方向；但知失败，不会不经意丢失了梦想。枯叶不语，流年不语，默默记录着秋日的每个瞬间。再次提笔，看那黑色墨水再次氤氲泛黄的日记本——此时，却是另一种感受。笔下的秋风一言不发，只见树干外表用沧桑与斑驳，诉说着一个又一个美好的故事。深夜的月，幽邃的星，不知多少个这样不眠的晚上，我选择了写作。一点一滴，笔下的，所想的，所追求的，是一个会做梦的人留下的最美好印记与证明。

期末作文考试的那个冬日，我递上了一张满意的试卷。相同的考场，相同的作文格纸，这次却显得与众不同。不负众望，我再次取得了作文状元。那片掌声和赞美又回归——我懂得，这次是给那个会做梦的人。

在老师和朋友的鼓励下，我尝试了各种文体，也试着向报社投稿。感谢那次的坎坷，让我懂得——会做梦的人，不为哗众取宠，取悦旁人，只为做真实的自己，让生活有滋有味。虽说是梦，但也不完全荒唐；奋斗过，努力过，就很好。

我愿踏上写作的列车，带着快乐上车，携着欣喜落座，一步步驶向文学的殿堂，不觉间温暖久长。

梦，从不会愧对每一个会做梦的人。

而我，更愿自己是一个会做梦且勇于追梦的人。

★作家点评★

做学生的生活，是既枯燥，也充满了紧张的竞争，和时时刻刻的成长的烦恼，和如何超越自我的期盼的。这篇文章就从“我”的境遇出发，以自己做梦的状态，来呈现出青春和成长的复杂性。尤其是，当面临十分具体的状态，比如写作文获得了状元的时候，迎来的喜悦是无以言表的。有梦必须去实践，是作者要告诉我们的真理。文从字顺，文风晓畅。

54. 会做梦的人

杨益明　北京市陈经纶中学分校

俯身穿过一扇月洞门，里面的劲竹苍翠欲滴。“好大一片竹啊……”我失声感叹道。忽然，我看到竹林中有一个灰色的人影，一动不动。我十分惊讶：这竹林中难道有什么隐士？我连忙去看看这到底是何方神圣。只见一位年轻人穿着一身整洁的汉服，面对着竹子，一动不动。我近身问道：“你是谁，为何对着竹子发呆？”他回答：“我并没有在发呆，我在格竹以求圣人之道。”“何谓圣人之道？”“朱圣人曾说：‘格物致知可为圣人也。’我想用竹子作为例子，亲自试验。”“这一定是假的，不要相信！”“朱圣人的话怎么可能有错？”我无言以对。七天七夜后，此人轰然倒地。

那一定是一个不平凡的人……我在心里嘀咕道。我要跟着他，无论他走到哪儿。

红墙绿瓦，蓝天白云。在这壮丽秀美的北京城中，他和其他一些文质彬彬的学子跨进了那扇拥有九九八十一颗黄钉的大门。没过几天，那扇门旁边的墙上贴了一个布告：本次科举的上榜人名。他快速地扫了一眼，拂袖而去。我连忙问他：“公子，敢问您上榜了吗？”“没有！”他干脆地说。“那您下次一定要加油啊！不要灰心丧气！”他耸了耸鼻子，说：“你们以不登第为耻，我以不登第却为之懊恼为耻！”我立刻为之震撼，默默地看着他慢慢地离开。

将近十年，我都没有见到他。直到今天，大街上围满了围观的群众。我连忙挤进人群。看到两个赤身的壮士，手拿大板，“啪啪”地向地上一个被脱了裤子的人打去。趁他抬头呻吟的工夫，我立刻看出了：这不是他吗……我连忙问身边的人他怎么了，有人说：“他因为上书劝说皇帝严惩大坏朝政的刘瑾、戴铣、薄彦徽等人，因而被重打四十大板，而且还要贬到贵州。虽说是贬到贵州，但是他这路上生死未卜啊……唉……”“啊！”只听一声惨痛的哀号，我默默地流下眼泪：他这是何必呢？

太湖边，两件被风刮散的、破烂的衣服，一双靴子。冷风夹着落叶慢慢地卷下来。他……就这么跳河了？就这么死了？我在岸边号啕大哭。“这是什么世道！”我怒斥道，“阉人刘瑾，我与你势不两立！”“哈哈哈……”一阵笑声传来。“你笑什么？”我用已经哭红肿的眼睛瞪着他。“以王守仁的智商，你真以为他会跳河？”“愿听从先生指教。”“其一，我们驾着小船在这里打捞了一个星期，也没有发现尸体；其二，如果他真的要轻生，他怎么会留下衣服？”我大喜，说：“那么以先生之高见，他如今在哪儿？”他笑着捋了捋他下巴上的长胡子，手指东北说：“守仁平生十分孝顺，他一定去南京见过他的父亲；而他的父亲是一个忠于朝廷的人，他一定会让守仁去贵州龙场任职。所以现在，他一定正在做去龙场的准备。”我作揖道：“多谢先生高见，敢问先生尊姓大名？”他笑着说：“不久后，你还会见到我。”说罢，离开了。

赶到龙场的那天，是一个月黑无风夜。刚停下脚步，竟打起了雷，不一会儿又下起了雨。我连忙到不远处一座山冈上的一个山洞里躲避。望着洞外的瓢泼大雨，我轻叹了一声。突然，我身后一声惊叫吓出了我一身冷汗：“我明白了！我明白了！”看到身后的那个人，我笑了——他没有死！我连忙俯身问他明白了什么。他对我说：“以前我总想，只要跟随圣人的脚步，就能成为圣人。但是自从我在竹林里格过竹子后，我才明白：圣人不一定就是圣人。我追求圣人，追求了半辈子，如今我才知道：圣人之道，非在他人，在吾心矣。”我俯身下跪：“我愿意追随您，成为您的第一个学生。”

老师谪戍期满，被封为赣南巡抚。他上任巡抚的第一件大事，也就是主要任务便是扫平南中地带的盗贼。“您打算怎么办？”我在大堂里问老师。老师手指堂下的官员们说：“我知道，你们当中，肯定有盗贼的耳目。是的站出来！饶你们不死！”一名两鬓苍苍的老头腿哆嗦着，慢慢地蹭出来，缓缓跪下说：“下官罪该万死！请巡抚饶老朽一命！吾等也是被逼无奈啊！”“我命汝等为我军探知情报，有任何泄露，立斩不待！”“谢巡抚！老朽但有任何泄露，巡抚可速斩某头！”老师用兵“诡异”、独断，素有“狡诈专兵”之名。就在这样的里应外合下，老师只用不到一年时间，平定了为患十年的江西盗贼。

我问老师：“您当初追求圣人之道，如今有没有什么成果？”“我认为，真正的圣人是遵循自己内心的意志，也就是‘致良知’。你内心的意志便是你的良知。无论何时、何地，有何种理由，人性都是不能，也不会被泯灭的，它将永远屹立于天地之间，而并不像朱熹所说的‘存天理，灭人欲’。年轻时我曾经研究佛学，我听说有一个寺院里有一位连续闭眼坐禅三年的禅师，于是我便去拜访。见到那位禅师，我问他：‘有家吗？’禅师答：‘有。’于是我又问道：‘家中尚有何人？’‘母亲尚在。’‘你想她吗？’这个问题并没有得到他即刻的回应。良久之后，一声感叹终于响起：‘怎能不想啊！’然后禅师慢慢地睁开眼睛，并缓缓地低下了头，在他看来，自己的这个回答并不符合出家人的身份。这时我站了起来，看着眼前这个惭愧的人，严肃地说道：‘想念自己的母亲，没有什么好羞愧的，这是人的本性啊！’听到这句话，他并没有回应，却默默地流下了眼泪。他庄重地向我行礼，告辞而去，第二天，他收拾行装，舍弃禅师的身份，还俗回家去探望自己的母亲。当年在赣州时，我抓到了一个强盗。我让他把外衣脱了，他说：‘脱就脱呗。’我又让他把内衣脱了，他又说：‘作为大丈夫，赤膊又能怎么样？’我又让他把裤子脱了，他不情愿，但还是给脱了。我又让他把内裤脱了，他紧张地说：‘这个使不得！’我就问他为什么使不得，而他无法回答。于是我就说：‘为什么使不得？这是因为在你心中还剩有那么一丁点儿羞耻感，这点儿羞耻感又何尝不是道德良知的表现，可见就是像你这样十恶不赦的家伙，我照样可以和你谈道德良知。’最后，强盗心服口服，在我所标举的道德良知感召下，将自己的罪行全盘如实供出。”“我明白了。”

“报——宁王朱宸濠在南昌起兵，号称十万，即将出发！”“怎么办？”我急切地问老师。同是赣南巡抚的孙燧说：“王守仁，你，是个军事奇才，你快离开这里召集军队攻打宁王，快！”“那你怎么办？”老师已经热泪盈眶。“你不用管我，我来和朱宸濠谈判。我身死与否，皆在天命。你快走！”“那你……”“不要再犹豫了！”老师用袖子抹了一把泪，对我说：“你也和孙燧在这里留守，一旦有什么不测，立刻通知我……我走了。”没过几天，宁王朱宸濠的大军不费吹灰之力便占领了赣州。“赣南的巡抚在哪儿？”朱宸濠坐在了以前只有老师才能坐的位置上。“我就是。”孙燧死瞪着朱宸濠。“你降，还是不降？你的小命可是悬在针上，而我就是那根针。”“我至死也不向狗低头！”“那你们呢？”“我们也不降！”“好！我能体会到你们的那种忠心。可是如今皇帝荒淫无道，手下一群奸臣。吾欲讨之，是为了天下的人民啊！请大家以义气为重，跟着我打倒昏君！”“狗屁！”孙燧大声怒骂。“好你们这群小子，把他们统统斩了！”我拼命向外狂奔，两边的侍卫想拦住我，但朱宸濠挥挥手说：“算了，放他去吧，让他给那个王……王什么守仁的家伙报信去，震慑一下他，让他知道一下我宁王的威名。”只听一声惨叫，而我不敢回头……回报老师，老师知道了，捧头大哭，发誓定要剿灭宁王之乱，为孙燧报仇。趁着朱宸濠调用所有军队攻打安庆，老师直击宁王老窝南昌，将南昌城攻破。朱宸濠赶忙回救，在鄱阳湖与老师的官军决战。最终，老师用火攻烧死、淹死敌军三万余人，俘虏六万余人，包括宁王和他的妻子、官员。就这样，宁王叛乱仅历时35天，就在老师手中终结了。

明武宗死后，老师升任两广总督。我戏称老师是大明的“消防员”，哪儿有叛乱，哪儿有起义，哪儿有造反，老师都得去。这回老师升任两广总督其实是让老师镇压田州造反。刚开打就有的投降，其余的退守深山峡谷。最终老师只用三个月便平定这起造反，但老师的身体已经不容乐观。

突然有一天，老师拉着我的手说：“我不久就要死了。不要反驳，人，在死亡之前会有预感的……咳咳！”听着老师微弱、呜咽的说话声，我不禁流下了心酸的泪水。“我死之后，你，一定要继承我的学说，将良知之学发扬光大……”“您还有什么要说的吗？”床下的学生们早已都泣不成声。“此心光明，亦复何言！”老师高高举起的手慢慢地落了下来，那双深邃的目光也慢慢地闭上。

我们将老师葬在了兰亭旁的洪溪。没错，就是东晋大书法家王羲之笔下《兰亭集序》的书写地。那是一个山清水秀的地方，老师安然地躺在那里，一定会很惬意的。守孝后，我忽然想起了一个人——二十多年前，他曾经在太湖边承诺过要与我再见面的啊？突然，我恍然大悟——那人不就是老师吗！我笑了。

忽觉金光刺眼，手捧《明朝那些事儿》，缓缓起身，盖南柯一梦也。正是：

竹林格竹验圣理，七天七夜展圣心。寒窗苦读十几载，一举落败不为耻。

上书整朝显才华，不畏痛苦和羞耻。太湖假死得生路，无怨无悔赴龙场。

龙场悟道终成圣，广收学徒赞一方。一年扫平南中匪，三月镇压田州反。

一月终结宁王乱，卓有战功天下服。可怜呜呼圣人亡，宇宙哀恸共缅怀！

★作家点评★

如何运用历史材料，写出独特的、具有想象力的文章，这篇文字带给了我们很好的启示。作者穿越到了古代，让我们看到了历史情景是如何逼真地在梦想的带动下，使主人公成为了历史的主角。作者非常有想象力，也非常有创造力。这样的文章，需要作者化用历史材料，巧妙地对材料进行取舍，构造成一篇充满了想象魅力的文章。可以说，这篇文章很成功。

>>> 第二部分　一块蓝印花布

·导 语·

蓝印花布源于秦汉，兴盛于商业发达的唐宋时期。现代所见蓝印花布的样式多数源于明清时期的作品。根据历史记载，在宋元之交，桐乡本地的蓝印花布极为繁荣，形成织机遍地、染坊连街、河上布船如织的壮观景象，其中，石门“丰同裕”等染坊店一时成为行业中的翘楚。

2014 年 12 月，“桐乡蓝印花布印染技艺”入选国务院公布的第四批国家级非物质文化遗产代表性项目名录。2016 年 2 月，桐乡市非遗馆蓝印花布分馆正式揭牌，馆舍即位于石门镇丰同裕染坊。在展馆中设有专门的蓝印花布专题展示馆，详尽地展示了蓝印花布四种生产工艺（灰缬、夹缬、蜡染、扎染）的主要流程，并展出纺织、制版、拷花、扎染、蜡染、夹缬、彩拷、草木染色等珍贵实物资料 2000 余件。

小作者们来到桐乡，正是为了亲身接触、体验这种传承自古代的文化遗产。茅盾先生的故乡不仅有美丽的江南古镇和水乡风情，更有深厚的历史文化积淀。在参观、探访桐乡本地非物质文化遗产的几天中，小作者们充分吸收着一切能够成为写作素材的营养。由中国作协副主席、茅盾青少年文学院专家委员会主席高洪波老师亲自命制的“一块蓝印花布”的作文题目，会激发出他们怎样的灵感呢？

1. 一块蓝印花布

李欣桐　天津市河西区平山道小学

夜晚，皓月当空，拿着远在桐乡的表姐寄来的一块蓝印花布，我叹了声气：“唉！要是我也能飞往桐乡，亲眼看看这美丽的蓝印花布是如何制作出来的，该多好啊！”

随手把布压在枕下，我慢慢地进入了梦乡。忽然，枕下一阵振动，那块布竟缓缓变成一个美丽的姑娘。“你不是想去桐乡吗？就让我来帮你吧！”她一挥手便将我包裹在一团水雾之中，她的声音也轻荡荡地飘进耳朵。“哦，对了！我是住在蓝印花布里的仙子，接下来我们就去乌镇游玩一番吧！”

我不但不害怕，反而兴致勃勃，随她走进那如梦如画的乌镇。小桥弯弯的倒影悬挂水中，屋檐上一滴水珠调皮地摇来摇去……即使离那些文人墨客生活的年代已过百年，却仍有一丝书香气弥漫在青石板上方。“哇！真美啊！听说蓝印花布是从染坊制作而成。仙子，能带我去看看吗？”“没问题！”一片朦胧之后，出现了一间染坊。我走进展厅，眼前仿佛展开了一幅长达千年的画卷，见证了蓝印花布的兴衰。再走进另一间展厅，四种不同的染布工艺分布排列在四端，有灰缬、葛缬、夹缬和彩缬，其中还有手艺人们亲手展示灰缬的制作方法。他们灵活的手在木刻模具上刷上水，放在布上，用刮子抹上黄豆粉和石灰粉的混合材料。只见手指如蝴蝶般翻飞一番，就出现了凹凸不平的花布。经历七天的阴干和反复染布的过程，便出来了这如同繁星点染夜空的花布。

我不禁对仙子说：“没想到这朴素的花布竟然有这么复杂的技艺！古代的人民可真了不起！要是我，可万万想不出有这样的方法！”仙子眯起了那双丹凤眼，接着说：“而且他们能用自然植物和精致的图案把布匹做得美观又便宜，这也是你们做不到的。”正谈笑着，她又从口袋里拿出一个活灵活现的蓝印花布兔，放在我的手上，“喏！初次见面，我送你一个兔子当礼物吧！”我推辞不下，只好收下了。

哪知仙子脸色一变，点点泪水落在了花布上。我着了慌，忙问何事。她擦了擦泪水缓缓说道：“抱歉！我心里总担心一事，每每想起来就抑制不住眼泪。”我又忙问，她沉眉道：“你看看吧。”

眼前景物一变，到了一座现代化的建筑里。“这是非遗馆。我毕生都将会来守护这一方蓝印花布，让它不会失传，不会消逝在人间。古人的文化精华有无穷之大，每一个非遗文化都有一个仙子在默默地守护着。可是，一年又一年，许许多多的非遗文化都逐渐失传，我好害怕，将来的某一日……”看这一幕，我的心仿佛被人揪了起来，甚是酸楚。有些人耗费一生，不就是为了让这一块蓝印花布永远闪耀吗？可，我呢？眼前模糊了，湿润了……我想，用每个人的温度去尽力呵护，可能才是蓝印花布最好的归宿。

回到了乌镇，仙子拉着我的手，一步步地向落日走去。云卷云舒，薄雾向天空散去。刺眼的红光盖住了青石板，多美的乌镇啊！我握着蓝印花布，心里也愈发坚定了一个信念：不求人人呵护，有我一人，足矣。我回头望向仙子，却发现身后已是茫茫一片，只有她的声音在心间回荡。“再见了，你不会忘记我的，对吗？”

梦醒。但，我知道这不是梦。我的手里，那一只小小的蓝印花布兔，在阳光下闪耀着……同时，那一块蓝印花布，也正用那简单却深厚的力量，努力地在我心间闪耀……

★作家点评★

简单地引入一个角色作为解说，并不是什么艰深复杂的写作技术，引入一个仙子也是常见的桥段了。但关键之处在于，李欣桐同学的这个引入和解说，虽然显得生嫩稚拙，但的确是蕴含感情的。从一些细微的交互之处可以看出，作者的确在揣摩着如何去写好这样的解说过程，如何去将文章必须要负载的情绪、信息融合在这些交互中，这就很难能可贵了。对于这个年龄的孩子来说，能有这样的思考过程，可能要比多惊艳的文章更为重要，更能提升自己。

2. 一块蓝印花布

王语芊（落风） 成都市石室联合中学

你从千年前的古老里走来
闪着满身星辰般的光彩
你在数余道的染印后展开
披着无数轻盈的洁白

——选自《蓝印花布的故事》

“哗啦——”

风从耳边啸过，仿佛一只无形的手，把那匹紧束在杆儿上的花布，唰地一下扯开。

然后我也便惊呼出声了——

只见那细碎繁复的点点星辰，从那片深湛蓝的布里轻盈地滚落出来。

那是星空，是银河，是一朵朵梦，不知怎么从宇宙洪荒中落下来了，被朴实的人们挂在这里，变成一匹朴素而精巧的布了。

我妄自地伸出手去，悄悄地捻了一下它飞扬的角儿，手心即刻传来一种踏实的舒服感。它的质地非常柔软轻巧，也不知是用蚕丝织出来的，还是用梦呢？我乱乱地想着，迫切地想知道答案，就转进了染坊。

它的染坊并不算很大，结实淳朴的木构造屋子。洁白的、未染色的布匹缎搭在架子上，架子的一侧放着一张大圆桌，桌子右边摆了只大木盆，左边则是一匹布，上头压着精美的花刻板和刮子。

我正疑惑间，一个楚楚大方的姑娘向我们走来。她穿了一件缠枝纹蓝印花的衣衫，脸上的笑容甜甜的，朴素而美丽。她握住刷子，在木盆里沾了些乳白色的泥，轻而匀地刷上了花刻板。这些糊状物，便顺着刻空的花纹印在布上了。

“黄豆粉、石灰粉。”她略带歉意地解释说，“印在布上，就粘住啦，染不到色，所以外头的布上有这些白色花纹啦！”

“那这布，怎么染？”我笑着问。打心眼儿里喜欢这个朴实可爱的大姐姐。

她刮掉多余的泥，手脚灵活地收起布，迅速地跨开几步，把它搭在几架横木上。

“板蓝根。”她一面娴熟地劳作着，一面说道，“板蓝根，吃过吧？它的叶子，能做成染料。很神奇的啦！”

我点头，慢慢地走着。数个像她那样穿着的江南姑娘正在染弄着布，技艺娴熟。

我信步走出染坊，仰望着挂在晒杆上的布。它们垂下长长的布尾。在阳光下，那点点流云花纹仿佛是被鎏过金。

我曾见过多少华美精致的布匹衣裳——错综复杂的鎏金花纹，艳丽多彩的纷繁颜色，精巧得无与伦比的贵族设计，巧夺天工，美轮美奂。然而，在蓝印花布面前，在这深蓝与洁白的交织面前，所有皇家御用的衣裳，都失了色。不是输在纹饰，不是输在做工，也不是输在颜色，而是输给了历史的漫漫长河，输给了人心。

我的眼前闪过一个影子，是个腼腆的姑娘，她捏着一匹染好的蓝印花布，系在杆儿上，任它垂下千丈星辰。

姑娘的身影与蓝印花布重叠了起来，我分不清楚哪儿是人影，哪儿是布影。其实不需要分清楚的，朴实美丽的布，就像这些可爱的姑娘啊。她们翩然起舞的影子，也正如风扬起的蓝印花布，轻盈又自然啊。

风起了，蓝印花布展开她美好的容颜，无数漂亮的花纹，如同夜空中闪耀着的明星，缀在布匹上，缀在江南里。

★作家点评★

第一人称的写法实际上的难度要比任何写作者预想的要高。因为第一人称就意味着放弃了观察世界、呈现故事和信息的许多别的方式和渠道，必须精心考虑第一人称本身的观察视角，斟酌叙述目的。对于一个作者来说，这本身就是一个有趣但艰险的过程。在这片短文中，作者的尝试可以说是相当不错，不仅叙述的视点控制很有节制，且能融入情绪和想象，有种让人眼前一亮的感觉。行文上，圆熟且顺畅，也有种超乎年龄的老道。未来可期。

3. 一块蓝印花布

张佳依　北京市文汇中学

2149年，火星。

李梓站在机器人考官面前紧张得发抖。火星资源现在极度匮乏，管理高层决定清除一些华而不实的古法技艺来维持星球的生态平衡。100年前国家大力推进古法技艺的发展，最终的结果便是廉价工艺品如垃圾遍布全球，极大影响了原本就脆弱的环境。

李梓今天是来面试的。考官需要根据面试者的演说确定是否将古法技艺的传承者放入记忆粉碎机以彻底消灭这项技艺。前面的豆瓣酱传承者勉强逃过一劫，现在轮到李梓了。

“制作蓝印花布距今已有约500年的历史，是一项曾经的非物质文化遗产。制作工艺复杂，包括采、调、染、晾、刮等环节……”他顿了顿，似乎在思忖着这么说会有什么不妥，让考官减分——一定要把这项技艺留下来。

“制作出来的布结实耐用，透气美观，用途多样，可用来制衣、做摆件等。”

发到家里的脑波指令是要求简短，于是他很快便结束了介绍。考官是面前一台纯黑色的金属问答仪，面试的小屋虽开放冷气，却依旧狭小、压抑而冰冷。李梓竟出了冷汗，盯着面前那部要决定他命运的机器，内心祈祷。

屋子里静寂得就像墓地。李梓甚至可以听到他自己如战鼓一般的心跳。对他来说，蓝印花布不只是养家糊口的花布，而是热爱到灵魂的一种寄托。

爸爸曾经问过他:“你真的喜欢蓝印花布吗？”

李梓那时还懵懂，只知道自己对那块印花布着了迷似的热爱，于是回答说：

“我愿意热爱它一辈子。”

他就真的那样坚持下来了。

“请出示您的技艺样品。”机器的声音响起，李梓虔诚地把一块蓝印花布放入识别区域，等待机器最终的回答。

等待的时间似乎漫长而遥遥无期。本就狭小的黑房子此时更显得闷热而压抑，就像一口要把人活活闷死的活棺材。旁边的记忆粉碎机兀自散发着幽蓝而恐怖的光，被清除的记忆无辜地躺在揽忆筐里，仿佛恐怖片里的碎尸狂留下的犯罪证据。李梓又感到一阵没来由的战栗，眼神无所适从地四处乱瞟，最后又固定在了自己放在识别区域的印花布上。

那是多么美丽的颜色啊，他小时候常想“青出于蓝而胜于蓝”，但这种通透、深沉、浓郁的蓝，青色怎么能比得上？

猝不及防地，机器冷冰冰的声音响起：

“抱歉。您的记忆申请留存失败，请移动至记忆粉碎机处。”

巨大的失落与愕然如惊涛骇浪一般，几乎把李梓卷进死亡的漩涡。溺水一样窒息的感觉几乎让他的心脏骤停，他踉跄了一步，可这并不能阻止传送带送入记忆粉碎机的步子。即使在前面已经注射了镇定剂，但心脏擂鼓一样跳动的声音提示着他：可能买到了假货。

记忆粉碎并不痛苦，甚至机器里的安抚装置使人如沐春风，倒像是人类死亡前卑微的回光返照。多年的坚守与执着仿佛一面打碎了的镜子，碎玻璃碴划着他血淋淋的灵魂。“一江春水向东流”般的悲哀与无力的感觉升腾而起，他认了命一样戴上头盔，静默。

从粉碎机里出来，李梓又看到了那块蓝印花布。它像垃圾一般孤零零地躺在地上，黯淡无光，又仿佛落了500年的尘土。

李梓想，这块布真漂亮。

★作家点评★

从创意上来说，在诸多同学中间，这篇也算是比较出众的。如果单独设定未来、蓝印花布和申请留存技术这些其实只是让人耳目一新，但当最后，一个小作者能够将结局设定成技术终于留存不下来，遭到毁灭，这不仅是提升了创意品质，也极大地提升了内容深度，并且能给读者留下更为深刻的阅读感受。在这个年龄能做到将毁灭作为一种文学选择，就足以证明作者在写这篇稿子的时候，不长的时间里能够输出的比同龄人深邃的思考了。

4. 一块蓝印花布

朱敏越　北京市光明小学

深邃湛蓝的底色，那是桐乡的蓝天，赐给蓝印花布的明亮；洁白生动的花纹，那是桐乡的美景，点亮蓝印花布的神采；温柔粗糙的触感，那是桐乡人民，赋予蓝印花布的灵魂。啊，蓝印花布啊，你是每一个桐乡人心中，永恒的梦。

几十年前，当一声嘹亮的婴啼划破寂静的天空时，接生婆正用暖暖的软软的小被子，将孩子赤裸的身体轻轻裹住。小被子那独特的气味，安抚了他的心，那温润的触感，理顺了他的气，哄他安然入眠。没错，这就是蓝印花布，从那个阳光明媚的下午起，蓝印花布就和孩子，结下不解之缘。

几年后的新年，当孩子迫不及待地跑进母亲的房间时，母亲爱抚地摸着他的小脑袋，取来一身漂亮的新衣交给孩子，孩子兴奋地跑了出去。从此，每当孩子看到这衣服时，都会情不自禁地笑出来，那素雅却又精致的花纹，还有那既清新又舒适的手感，已成了孩子心中快乐的符号，里面包藏着母亲的爱、新年的乐趣，还有与朋友玩耍时的感动。从此，孩子喜欢上了蓝印花布。

又过了几年，孩子已变成小小少年，此时的他，抛弃了曾经在田野上奔跑撒欢的日子，走进了学堂。从此，蓝印花布又成了孩子学业之路上的朋友，无论是迎着花香来，还是顶着烈日回；无论是啃着玉米走，还是踏着风雪归，蓝印花布书包都不离不弃。

随着书包越变越沉，孩子也越来越懂事，越来越有知识，心中逐渐对这个陪了自己多年的蓝印花布书包生出了崇敬之情。

等到孩子彻底蜕变为英气勃发的青年时，他离开家，踏上了属于自己的人生道路。临走时，母亲亲自为他戴上一顶蓝印花布帽子，告诉他保管好这顶帽子，保护好对家乡的情愫。看着这熟悉的纹样，感受这熟悉的触感，孩子心中五味杂陈，有种说不出的苦涩和不舍，他郑重地抱了母亲，郑重地抚摸着帽子，郑重地转过身，慢慢地走了。从此，孩子过上了漂泊不定的游子生活，而他珍藏的那顶帽子，也成了他在月圆之夜唯一的安慰。

几十年后，漂泊数年的孩子终于回到了家乡，他走进曾经的村子，一眼望见了那方在远处不停挥舞的手帕。此时，他再也控制不住自己，一瞬间潸然泪下，边哭边跑过去，搂住这位昔日的好兄弟，抚摸着它的后背，抚摸着那方熟悉的手帕，一幕幕场景在脑海中闪过，最终定格在眼前这方手帕上，他更是哭得稀里哗啦。

蓝印花布啊，记载着每一个桐乡人一生的寄托，有童年的欢笑，有少年的忧愁，有青年的拼搏，还有晚年的安定。蓝印花布，桐乡的灵魂！所以，在这即将离开的日子，请你也带上一方蓝印花布。

★作家点评★

越是孩子，越是会肆无忌惮地以一生为背景去规划故事，绸缪文字。这也是一种极为独特的年龄的优势，恰恰是因为阅历有限，让他们在畅想这样的人生轨迹和长度的时候能够不被条条框框所约束，能够有新奇的想法。作者这么做，也并不算出奇。但从规划篇幅开始，在短短的文字铺陈中，能够相对平衡而简洁地写出这些阶段，流畅圆熟，这就是本事了。而且，作者还非常熟练地将情景和情绪结合起来。虽然全文略显得有些不够圆润，抒情过于刻意了些，但已经很不错了。

5. 一块蓝印花布

刘蔚琪　深圳市南山实验教育集团南头小学

江南烟雨，游鱼成双，水波荡漾，梦里花落花开均在桐乡。

来到桐乡，“小桥流水人家”的情怀在心中悄然扎根。抬头，染坊上空的竹架上，无数或长或短的蓝印花布飞扬在湿润的空气中。抚过它朴素的蓝底色上盛开的白花儿，一种家一般的暖像鸟儿飞在我的鼻尖——原来这就是桐乡……

造访茅盾先生的故居，“文革”时期的艰难岁月像放电影般浮上眼帘，茅盾先生的雕像静静躺在纪念馆的国旗面前，他安详地闭着眼，宛在水中央。他一生坚守文学，用笔杆有力抨击敌人，忠心为国！对文字的信仰使他真的脱颖而出，不惧世俗，不害怕一切！因为他的坚定顽强，他坚守着文学的路，一直走了下去。

仰头，我仰望这蓝印花布。粗糙而又坚硬的手感，美丽却坚强。多少天的日晒雨淋之下它终会破损，但那蓝，却依旧蓝得生动且耀眼。

行走在桐乡小巷，两旁的建筑斑驳陈旧，显然经历了岁月的沉淀，却仍然灵秀动人。屋旁水声淼淼，那是漂浮过多少故事的清流！摇过多少船？渡过多少人？它的美绵长而又安静，清雅而又柔软。它还是美的，美得透心彻骨，毕竟抵挡过时光的才有灵魂。

俯身，我抚过这蓝印花布。它轻盈而又纯洁的样子，坚强却沧桑。从古至今，蓝印花布的制作技艺代代相传，虽历史悠久，但那美，却依旧美得厚重且清新。

插上耳机，桐乡的特有剧种“花鼓戏”的戏曲声哀婉而明媚地甩进我的身心乃至灵魂。那明快、幽深且轻柔的唱腔和着清风流水、风声雨声令我沉醉其中。听啊！似乎上来的是位小旦，那唱腔干净利落，柔软清甜，仿佛就是这戏曲中的一部分，化为一个绝美的音符。听着，听着，前面的青石小巷内，似乎会真真走出一个女子来，眼神忧郁，举手投足都是戏里的味道。

回望，我凝视这蓝印花布。它灵秀而又多姿的花纹，沧桑却动人。有种柔情正从布料间长出来，温婉却有力量，但那柔啊，却依旧柔得沉静，而且掷地有声！

蓝印花布是一座弯弯的古桥，它通向桐乡的深处，通向历史与曾经。高悬在时光中的它飞扬起历史的尘埃，为我解读桐乡深处那生生不息的美与精神。蓝印花布是一扇窗子，我在这头，透过它看那头……其实蓝印花布不就是桐乡的一隅吗？它有着桐乡的精神，桐乡的气韵，这样美丽的一块蓝印花布终将在历史上千古留名，永不会被历史的车轮所埋没……

古朴却动人，安静却坚忍，美丽却厚重，柔软却耀眼——原来这就是桐乡！

★作家点评★

从整篇文章看，需要诟病的是叙述点比较分散，感觉作者下笔的时候，还不明确自己行文的核心在哪里。这一点，看起来是随着写作的过程逐渐明确起来的。但作者的行文却很有趣，极大掩盖了这个缺陷。让人印象深刻的是“抬头”“仰头”“俯身”“回望”，在这样的篇幅里，这样运用动作和视线调度，节奏感就出来了。当然，这么玩还是有些生硬、刻意，不够圆润自然，但这些，就是不断训练、实践，反复磨砺可以提升和改进的了。

6. 一块蓝印花布

唐欣洁　上海市华东师范大学第二附属中学

“您是这镇子上最后一位手工制布的人了。”

是吗？望着面前茶杯袅袅升起的雾气，水烟不由得怔住了。

水烟是一个江南女子，生在这水乡小镇的一户染布人家里。门前的碧波轻舟，小院里的垂柳，屋里蓝印花布制成的被褥窗帘，巷子里卖糖年糕的吆喝声，浸透了水烟的童年。她的外公掌管着家里的小染坊，因着数千年如一的好手艺和质量，在镇上小有名声。水烟也跟着耳濡目染，从小就钟爱美丽的蓝印花布，并逐渐掌握了一手染布的好技艺。在外公逝世后，水烟便接管了这座小染坊，谨遵着外公生前的交代，始终坚持手工制布，也渐渐将小染坊的名声愈传愈远。

此刻她面前的穿着一丝不苟、提着皮质公文包的男人，一个月内已经坚持拜访她很多次了。他是制布工厂派来的代表，试图劝说她将布交由工厂统一生产——随着时代进步，科技不断发展，越来越多的人放弃了手工制布，直至只剩下水烟这一家。

水烟沉思片刻，放下了茶杯，“先生，无论您怎么说，我都不会答应的。既然您来都来了，不妨跟我出去走走，我想让您明白我坚持的理由。”

水烟带着男人，走上了街道。两旁是一幢幢白墙黛瓦的民居，因为刚下过雨后的潮闷空气，家家户户都敞着窗。水烟边走边说：

“这一片的每户人家的窗框，都是由镇上的老匠人打造的。您仔细瞧瞧，都不尽相同吧！有的刻着葡萄，有的刻着钱币……这位老匠人可以满足每家人不一样的需求，您是不知道，刚建好新房的人家拿到窗框时有多高兴。”

男人向窗内望去，看到一圈老人正在聊天，脸上都笑出了条条皱纹。他没有说话。

“这是我们镇上有名的小吃街。”水烟笑着带领男人拐弯进入另一条街，“这里您不会找到一家重复类型的店，因为我们坚守着‘一店一品’的准则，想保持每一家店的独特性。”

男人站在路的尽头，一眼望去，家家的招牌都亮着灯，汇成一条河，路上人头攒动，一群穿着花衣裳的小孩子举着鲜红的糖葫芦跑过他身旁，一连串银铃般的笑声直落进他早已麻木的心底，激起一圈涟漪。

水烟和男人走过街，七弯八拐后停了下来，“这儿就是水家的染坊了！”水烟笑得眉眼弯弯，推开了大门。映入眼帘的是几件高立着的晒架，上面高高挂着，随风摇晃的大匹蓝印花布。“您还不知道蓝印花布是如何制成的吧？”水烟带着男人踏过门槛，抚过一排排器具，如数家珍地说道，“我们先用黄豆粉和石灰粉以一比一的比例调制好，再用刷子将浆涂到铺着雕花刻板的素布上，揭开刻板，晒干后将布上的浆刮掉，最后放入蓝色浆汁中浸染，一块蓝印花布就制成了。”男人听着如此复杂的工序，不禁问道：“您不累吗？”水烟笑了道：“我觉得我很快乐，因为制布是我最喜爱的事情。”男人看着她明亮的眼眸，陷入了沉默。

“当然，如果有特别喜爱的图案，也可以选择扎染。”水烟继续走，“将图案勾勒出来后用针线一针针缝制上去，或是将物品裹在布里扎好后浸染——这样可以保证每一块花纹都是独特的。不过——”水烟笑了，“不瞒您说，做这活儿常常让我眼花。”男人也笑了，由衷地赞叹道：“很美妙的事情啊。”

水烟继续朝前走，径直推开一扇小门，“这就是我们家染坊各种珍贵瞬间的展示。”男人抬起头，白墙上陈列着一张张相片，自上到下，相片也从黑白到了彩色。“真是有悠久的历史啊。”他感叹。“是啊。”水烟骄傲地笑了，指着一张相片，“这是我外公初接管这里时的相片。”男人循着她的手看去，照片里的中年人灿烂地笑着，穿着一身蓝印花布做的衣裳，背景是这座小染坊。

“是他告诉我如何做人，也是他告诉我手工制造、匠人精神的重要性。”水烟轻声说道。

男人凝视着那张相片，没有开口。

“先生，您看门口那树。树上您找不出任何两片相同的树叶，对吗？”水烟诚恳地说着，“做布也是这样。今天带您走了这么多地方，其实也是这个用意，我希望您能明白，我的愿望是做出大家喜爱的、有个性的、有温度的蓝印花布，而不是卖出流水线生产的千篇一律、冰冷的、重复的布。我想让每块布都有生命，都有它的不可复制性，您懂吗？”

男人缓缓转身，笑了。

“我懂了。您放心，我不会再来打扰您了。”

水烟如释重负地笑了。看着男人转身欲走，她急忙喊道：“等等！”在他不解的眼神中，她珍重地从包里拿出了一块蓝印花布。

“这就当是送您的谢礼，请收下。”

男人愣了一下，接过了布，仔细端详着。

这蓝印花布有着质朴简单的颜色，上面有鱼的吉祥图案，精致而又美丽。

“我当年第一次制出的布，至今也依然好好保存着。您是个好人，我祝您永远平安喜乐。”

男人过了良久，抬起了头，望着水烟真诚的笑脸，也笑了。

“那我祝您生意兴隆，永远坚守自己的内心。”

水烟望着他走远的背影，夕阳洒在他身上。

★作家点评★

之前和学生们的沟通中，我就讲过我的一个观点：在最初阶段，能够把文章写长就是一种很难得的本事。文章的长度对于初步进行文学尝试的人来说，实际上也是对自己思考深度和内容组织能力的测试。看到这么一篇长文，是有些吃惊的，更吃惊的则是这篇文章完成度不低。从全文的引入、叙述一直到结尾，逻辑顺畅，情感的衔接也很不错，真正让人感觉到，作者是有谋篇的想法的。

7. 一块蓝印花布

冯沛禾　广州市华南师范大学附属小学

清明前后的乌镇，就是那幅自水墨画里走出的样子。一场接一场的烟雨水雾不知是染了哪座水榭歌楼里熏的沉香，而被染成了浅浅的黛青色，滴落在那洁白的墙上，滚落而下留滞的水迹，像极了那湖笔蘸着兑了水的墨不经意划过的一道。

“制板、印花、浸染、晾浆……”

不大的小屋内灯光偏暗，唯有东墙面用一截竹竿撑起的一面有橘黄色的光溢下，时而还夹着少许酥凉的雨丝。扎着蝴蝶双髻的小姑娘歪着头，阳光映亮了她白皙光洁的脸颊。

“琴瑟，琴瑟，你在听吗？”在她发呆之际，一只指关节不轻不重地弹了下她的额头。一位身穿水蓝色裙衫、约莫刚及笄的少女面微愠色地看着她。苏琴瑟这才回过神来，今天母亲特意唤长她八岁多的姐姐教她染蓝印花布的手艺。

姐姐苏霁看自己的小妹妹还是一副刚起床的表情，一双尚未长开的杏眼水汪汪的，甚是可怜又可爱。她无可奈何地叹了口气，“算了，看你这榆木脑瓜也开不了窍了，去街上玩玩吧，顺便再去湖边帮我撷些板蓝根的叶芽儿。”

青石板铺的巷子边水洼密布。乌镇人逢这种微雨天气是从不打伞的，最多湿了袖口，换来一条条窄窄的弄堂的清静。

琴瑟在街上漫游着，巷子两边皆是那种家传的小铺子，有卖脂粉的（她阿姊最近经常光顾的），卖篦梳的，卖扇的，卖砚的，还有卖现做的糕点与糖水的。有些店铺铺台太高，她就竭力踮起脚尖伸长脖子看个究竟。

这样逛着逛着，映入眼帘的好玩的、好吃的琳琅满目。苏琴瑟将阿姊交给她的任务忘到“爪哇国”去了，丝毫没留意到时间过得飞快。当她将头从一家卖蒸糕的柜台上抬起时，才意识到已是薄暮时分，家家户户都冒起了炊烟。

糟了。她想，她答应过阿姊在日暮前赶到家。正准备撒开腿用最快的速度奔回家时，她忽然听见隔壁那条弄堂里传来一阵她从未听过的声音。

弄堂里只有一户人家，朱红的门帘像新贴的那样完好无损，一扇木门虚掩着，张开一条小缝。苏琴瑟蹑手蹑脚地走过去，侧耳谛听。

“则为你如花美眷，似水流年，是答儿闲寻遍，在幽闺自怜……”

苏琴瑟现在还约莫记着当时的自己只听出了这么一小段戏文。

简陋的厢房里空空荡荡，没有什么物品。正中央站着一位身穿白色长褂水袖，看起来较她姐姐略小一点的少女，面上抹着浓重的胭脂，咿咿呀呀地唱着千回百转的曲调。那词琴瑟听不太懂，只觉得甚是好听。堂前是一张木制长桌，上坐着一位眉目严肃的老伯伯，手中还握着一把戒尺。

唱着唱着，苏琴瑟不由自主地入了迷，不禁向前倾了几寸，木门十分刺耳地“咯吱”响道。

戏曲戛然而止，那位浓妆艳抹的少女与颇有几分凶相的老伯目光一齐投向了她。

“我……”苏琴瑟正想为自己开脱几句，那老伯却笑了。

“苏家的二姑娘，幸会幸会。”他朝她招了招手，“只是天色不早该回家了。阿浔——”他朝那堂中央正朝她似笑非笑的“姐姐”点点头，“将她送回家。”又掏出两角钱递给她，“也到街前新开的小铺给她买个青团吧。”

艾叶独特的清香伴着糯米的清甜漫过鼻息，琴瑟小口咬着手里捧着的青团，却仍吃得满嘴豆沙屑。站在一旁的阿浔笑着用帕子帮她擦着。

“好吃吗？”他的声音不似刚才尖细的浅唱慢吟而变得圆润清朗。

她抬起头，撞见了一张十分清秀的脸，“原来你真的是一位小哥哥。”

阿浔嗤笑一声，“跟你说多少遍了，那是旦的扮相，就是要扮女装的。”

从此以后他们就认识了。苏琴瑟常常偷偷溜出来去看浔哥哥练习唱戏，而每一日浔哥哥都会给她买各种各样的好吃的，两人坐在石阶上有一搭没一搭地聊着。有一天苏琴瑟正咬着一块糖蘸年糕，吃得满脸糖渍。阿浔一转身无意间瞟见她腰间一个蓝白相间的荷包，“蓝印花布？”他问。

琴瑟正无聊得发慌，听浔哥哥问起她最了解的蓝印花布，心里自然欣喜，便滔滔不绝地说了起来，最后还说：“若是浔哥哥喜欢的话，我而后定亲手做一个送你！”

阿浔笑起来的样子十分好看，如墨画般的眉眼弯成月牙，他揉揉小姑娘蓬松的发髻道：“一言为定！”

“一言为定！”

苏琴瑟暗暗下决心要兑现这个诺言，她从此再也没在姐姐乏味的说教中走过神，进步出奇地快。只可惜蓝印花布这种手艺十分耗工夫，当她第一次自己染好了一小块蓝印花布拿出来晾晒时，忽然听见门口有人在说什么关于阿浔的事。果不其然，琴瑟听见了一个震撼她的消息：阿浔月末就要离开乌镇了，去城里跟着戏班继续学习唱戏。

“你不晓得吗？”当她风风火火去向刚刚说话的张家大嫂问个究竟时，老婆婆一脸诧异地看着她。

苏琴瑟上气不接下气地跑到了那条清冷的弄堂里，积灰的厢房中那唯一的木桌已经被搬走了。听见她来了，阿浔回过头来，眼中是同样的惊讶。

“你再过几天就要搬走了？”她想都没想就脱口而出，绝望地望向墙上只剩薄薄一张纸的月历。

阿浔脸色沉了沉，他走过来拥抱住她，“琴儿别闹，男儿长大了，哪有不离开家乡出去闯荡的？”

“可，我要给你的荷包怎么办？”琴瑟双眼泪汪汪的，“蓝印花布也是我好不容易亲手染的……”

阿浔沉默了，他去那家糕点店买了一个青团、一块糖年糕塞进琴瑟的手中。

阿浔走的那一天，又下起了蒙蒙细雨，湖水上泛开层层涟漪荡漾乌篷船像婴儿的摇篮一样，描摹出一场温柔的梦境。

那日琴瑟出奇地安静，她没去送别，只是坐在院儿里望着自己染的蓝印花布出神。

细碎的阳光还好，像糖年糕上的热蜂蜜一样细软。

★作家点评★

私以为，这篇文章其实有些取巧，将蓝印花布的故事嵌套在了一对少年男女的交际上。但作者的行文实在是很老到。尤其是对话、直接间接引语的控制以及对情绪、动作的描述都很到位，这就证明了作者不管是阅读质量还是对于阅读的消化，自己对文字的理解和把握，都有相当水平。初读这篇文章的时候，简直不敢相信出自一个小学生的手，要知道，他的大部分同龄人，被要求能够驾驭的文字长度，不过是几百字上下。但作者却能够有规划地写作一篇具有小说质感的完整有剧情的文字，甚至很接近一个完整的微型小说了。

8. 一块蓝印花布

徐嘉路　杭州市学军小学紫金港校区

六月。乌镇。

有时候，我在下雨后湿漉漉的路边看见她；有时候，我在远处院落的篱笆墙边看见她。那时，我是一株被风吹得歪歪斜斜的蓝靛草——她是个五六岁的女孩儿，从城市到乡间与祖父度假。

只可惜啊，祖父是位被我的同伴所畏惧的纺织匠工。

第一次瞧见她，她穿着靛色碎花裙，蓝色和白色巧妙交织的图案，灼灼地在阳光下分外耀眼。还记得，她经常跟着祖父蹦蹦跳跳地来到栅栏边。每每祖父挑拣着许多茂盛、焕发生机的靛草，准备回去榨取汁液的时候——她总是默默地垂着头，手紧紧攥着碎花裙，一直到祖父走后，她才眨巴着眼，轻抚着栅栏内的每一株草的腰肢。这时，总是听到她稚嫩的声音在耳边回响。

不知为什么，我愈来愈盼望她的到来。我甚至迸发出一个可笑的念头：我要生长成一棵大树的模样；要像荷花、向日葵一般，吐露芬芳。

每当她走过，同伴们开始嘲笑我："你再努力也终究开不出花！你始终是一株弱小的蓝靛草！"

长辈们又滔滔不绝地试图开导我："你越茂盛，越难逃过那个老人手中的镰刀呵！"

我低低地、小心翼翼地匍匐着身体——我看见一道刺眼的白光从我身边一闪而过。我在那锋利的刀尖上，看见我的小而瑟瑟的绿影。

我还没有让她看见过我开的花。

那是这个八月下的最后一场大雨。雨狠狠地打在我的叶片上，再从身上缓缓流下——分不清是雨水还是我的泪滴呵。一转头，却看见了她。

她还是那样，却打着蓝白交织图案的雨伞，还拎着一个很重很重的皮箱。我眼睁睁地看着她的脚步愈加接近，却愈走愈远。最后，她上了一辆车。

她不会再来了。我想。

夜色无星，却有一轮红得诡异的月亮。

恍惚间，我似乎看见一个佝偻的身影隐隐在栅栏的外边晃动。黑暗中，是一只布满硬硬的、泛着青色的老茧和嵌着许多深深皱纹的手——更令我触目惊心的，则是手里那把亮闪闪的镰刀。还有自己一半的身影。

终于，冷风无情地扇着我的脸庞。我发现我的根部传来阵阵疼痛，一点点、一点点，再一点点……像许多小虫布满根脉，一口口噬咬。不知为什么，当我的根脉完全从泥土中脱落，浮在眼前的，却是她撑着靛色花伞的身影。

我信任这个手拿镰刀的老人，因为他和她有着相同的血脉。

眼前一片朦胧。只觉得昏暗的灯光霎时间射在身上——我的骨头似乎被碾碎，与同伴们一起，被一根巨大的木棍搅拌、捣碎——于是，靛蓝色的汁从我身体中缓缓流淌，与其他汁液，融为一体。

还记得，汁液唰的倒在一大片看似空白的布条上，在黏黏的桐油上来回晃荡——渐渐地，我仿佛浸入了那片空白，从而变深，变深……变成了那个我所熟悉的靛蓝色。

醒来时，我发现自己正躺在那片布条上，惬意地享受阳光温暖的沐浴。一埋头，惊喜地发现：我变成了一朵花！那是朵白色的花蕾，花瓣紧紧蜷缩着，透着抹淡淡的黄色。

我欣喜若狂，却一下子被冷水浸了个透心凉，在一瞬间又乍然发现——她呢？

后来，我被人小心翼翼地挂在墙上。也从别人口中知道了——我是一块蓝印花布。却在许多年后的一个十五夜，被人重新放回在手心中，感受她的温度。

一个女人把我摊在桌上。桌旁，是一把同我相似的伞。唯一有区别的——在伞檐上有些破损。

她浅浅地噙着抹微笑。而我，内心闪过一丝悸动。

我不知道她是不是那个我思念已久的她。但我知道，我是只属于她的，一块蓝印花布。

★作家点评★

这篇文字的构思、行文给人的感觉有些“奇诡”，有些“绮丽”。作者小小年纪却已经能够将色彩、情绪用文字表现出来，这就很不容易了。从作者具体的下笔，能看到一些故作成熟、故意渲染伤感情绪的痕迹，但总体仍然能算是情绪表达完整且比较真切，而且情绪的变动也翔实而完整。并且，能看出全文一气呵成的态势，以及意象之间的组合的意图，可以说是十分让人惊艳了。

9. 一块蓝印花布

李慧颖　西安市西北大学附小

外婆最近一星期一直和那块蓝印花布形影不离。

已经过了一星期——小米终于发现了。若不是小米偶然把蓝印花布弄上了污点，外婆也不会罚她面壁思过；若不是外婆罚她面壁思过，小米也不会像现在这样了：她脸涨得通红，满身都有一种委屈和不甘愤恨的模样。小米恨不得现在就把那块蓝印花布“碎尸万段”！

小米后来一星期都没有和外婆说话。她本是一个不记仇的人，从未这么久不和一个她亲近的人说话。小米心里明白：她就是不甘心——外婆怎么会为了一块小小的蓝印花布，不问青红皂白就罚自己！不知什么时候，一个主意从小米心里生根发芽了……

小米想好了，在下周一晚上去外婆房里把那块蓝印花布偷出来。为了她这个“惊世骇俗”的主意，小米准备了三四天，从小伙伴那里东拼西凑，凑出了一套“小偷套装”。

第二周的凌晨一点，小米就出发了，她全副武装地来到了外婆卧室门前，轻轻把门打开了一个小缝。小米机警地把头探了进去——嗯，很好，外婆睡得很熟。她小心翼翼地抬脚进了房，一双大眼睛机警地转来转去。可是，外婆会把蓝印花布藏在哪呢？小米突然想起了床底的小皮革箱，就偷偷摸摸地在月光发出的淡淡光亮下，把箱子取了出来。打开箱子，哈！果然在这里。只见小小的箱子里，有那块蓝印花布和一封信。小米抓起蓝印花布，心底暗笑，又把目光转向了那封信。

不知怎的，小米在强烈好奇心的驱使下，鬼使神差地打开了那封信。信纸是米黄色的，在月光下显得十分的柔和。信上用优雅的楷体写着：芽子（小米外婆小名），我是孙清，你还记得我吗？我是你小时候在桐乡时的玩伴。你后来搬走了，我们也再未交往。还记得这块蓝印花布吗？在桐乡时，我们常用它玩丢手绢呢……和你在桐乡的那段时光，是我最难忘的时光。感谢有你出现，我从小父母双亡，是你带给了我温暖和爱——对不起，我要走了，去一个很遥远的地方……信，到此终止。

孙清，这个名字小米是听说过的。听说她是外婆小时候的好伙伴，但在一周前，从桐乡传来了她去世的消息。

小米又把目光转回了蓝印花布。在银色的月光中，那块布的蓝是那么平静，淡淡有点发黄的白花纹像一朵朵盛开的花。布上小米弄上的污点消失了，只有一股淡淡的蓝草幽香。小米的眼睛映出了那蓝印花布的身影，闪着些许星光。那布，似染的不是蓝，而是忧伤。

小米把信放回了箱子里，连同那块蓝印花布。

★作家点评★

这篇文章给人的感觉很惊艳。叙述的圆熟简练，在这篇文章来看，只是其中一个优点。更厉害的是，在不长的篇幅里，实际上叙述的是两条线，并且用蓝印花布串联了起来。一条线是主人公小米，因为蓝印花布挨罚、探索，然后释然的过程；另一条则是奶奶和老友之间的线，并且蓝印花布都能比较好地成为故事中的元素。整个文章因为篇幅问题，显得略单薄，但已经可以算是个比较成熟的微型小说了。能够在这种体量的作品中看到结构，真是让人对作者的天赋和未来非常期待了。

10. 一块蓝印花布

薛童丹　西安市碑林区小雁塔小学

罗瑛是一个农村的孩子，在他们的小村子里自在快活。小村子巴掌点地，比起任何一个小村庄都逊色一大截。自小，罗瑛就向往着外面的世界，期待着，期待着……

在一个动物撒欢奔跑的季节——春天，罗瑛终于十五岁了，他有资格去见识见识外面的世界了。雏鹰将要历练，也必要历练。罗瑛心中像打翻了五味瓶一般，说不出来。

临行的那一天，万里放晴，太阳也惬意地躺在沙发上。此时，罗瑛的母亲沈雅茹老泪纵横，那皱起来的眉纹愈发地皱起来了，原先像一个凹槽，现在像凹下去的河床。涕泪肆意地在沈雅茹的脸上奔跑着，撒欢似的疾驰。夕阳的余晖下，沈雅茹的脸越发的老了。

岁月催人老。罗瑛不由得想，记得几年前的母亲还是那么年轻，可现在就像老了十几岁似的。只不过，罗瑛的父亲没哭，不作声，不过是一袋又一袋地抽旱烟，吐出一个个圈状烟。水洒了一地，罗瑛的父亲坐起身，拍拍罗瑛的肩膀，说："呆娃子，出去小心点儿。"简简单单，说完，罗瑛的父亲又吐出一个又一个烟圈。夕阳快下山了，罗瑛急忙告别父母，拎上他的蓝印花布做的包袱，进了城。

三个月后。"叮……叮……叮……"一连串的电话忙音，把罗瑛从睡梦中惊起。三个月来，罗瑛凭借着他出众的写作才华，发表了一部中篇小说，这便使得他成功地被破格招进北县一中。稿费不少，一千五。但是，罗瑛像“刘姥姥进了大观园”一般，大开眼界。他大手大脚地花钱，还租了一个便宜的公寓。渐渐见惯了城市的灯红酒绿，忘记小村子的生活，大有“此间乐，不思蜀”的劲头。可这一通电话，却是个陌生的新号。

罗瑛先接通电话，可接下来的一段话让他如“五雷轰顶”。父亲——要来了。

罗瑛深知他父亲的朴素老实，万一他给自己丢脸怎么办？他穿得那么老气，别人会不会笑他？罗瑛刚想劝，电话挂了。

罗瑛气得身体不由得胀得像一个大皮球，他们村老土的蓝印花布衣、鞋，可让他受尽了嘲讽。这……该怎么办？

罗瑛觉得这个小屋子无法承受他的怒火，可这早已是不可逆转的结果了。罗瑛望着蓝印花布包袱，心中没由地恼怒异常，可又忍住了，他不能迁怒别人。

第二天，父亲就到了城口，罗瑛早已在此等候父亲。果不其然，父亲又是一个蓝帽子，蓝印花布做的衬衫，一身蓝印花布打扮。周围渐渐响起了一群人像麻雀的叽叽喳喳。

“看那个老土的乡下农民，丑就一个字。”

“看！乡下土老帽！”

“这都几十年代了，这怎么还有人穿这个？”

……

罗瑛的脸上像烙铁一样红，他感到全身上下充满了力量，像一只火药桶，随时爆发，让人感受到属于他的怒火。他仿佛身处于火炉中，羞耻像火在燃烧他的身躯，罗瑛不由得牵着父亲的手紧了几分，脚下生风，到了公寓。

“呆娃子，怎么了？”父亲沧桑的脸上布满疑惑。

“还不都是因为你！”罗瑛的声音提升了一个八度，“都是因为你这个土老帽！”罗瑛没有意识到，他这句话像一把刀子，狠狠刺碎了他父亲留给他的温暖与幸福，留下的，只剩下如海般的哀伤。

父亲长时间在地里耕作，左腿早有暗疾。可这一刻，罗瑛没有意料的是，父亲动作迅速，啪地给了他一个巴掌，然后孤身离去。

罗瑛望着父亲那落寞的背影，又感觉心中五味杂陈。或许，他这次真伤了父亲的心吧！他一个箭步冲出去，却只见到父亲消失在了茫茫人海里。罗瑛自责地回到公寓，望着父亲给他的蓝印花布被出神。

若这世上真有后悔药，那该多好！

罗瑛拨打父亲的电话，父亲一直没接。此时，突然罗瑛心中一股无名火上来了，少年人，血气方刚，所以罗瑛也跟父亲“顶起了牛”，互相怄气。

一晃又是三年，罗瑛高中毕业，升往大学。可，一场讲座，吸引了他的注意。那是一个叫做“论非遗”的讲座。于是，罗瑛花了他五分之一的积蓄，去听了这讲座。

当非遗馆长讲到一个国家级非遗的时候，罗瑛惊呆了。

“蓝印花布是国家级非遗项目，于200X年申遗成功……”罗瑛呆坐在座位上，久久出神。他永远忘不掉他与父亲大闹的那一天。年复一年，日复一日，他始终为这件事耿耿于怀。蓝印花布竟是国家级非遗?!

马上，罗瑛听不下去了，收拾东西出去，带了大量的钱准备回村。

动车上，罗瑛痛哭流涕，是他误解了爸爸，希望父亲能够忘了他的错。“独在异乡为异客，每逢佳节倍思亲。”在一个个节日里，他始终在与父亲怄气，近乡情怯，这让罗瑛一时情难自已。那块蓝印花布，那块蓝印花布！

下车了，罗瑛飞快奔向村口，又见到了母亲那张老皱的沧桑的脸，又见到父亲那双粗糙的长茧的巨大手，父亲依旧抽着一袋又一袋的旱烟，记忆里的蓝印花布衫，还没褪色。一时，相顾无言。

★作家点评★

感觉这篇文章的气势和情绪都十分完整，甚至有些能看到行文的张力。对自己、对家人、对自己所来自的世界的疏离和回归，实际上也算是文学领域一直不断重复出现的主题。这种主题是不大好表达的，倒不是单纯因为难度，而是因为要能够写出自己的东西不容易。作者在这篇中，恰恰进行了一次不错的尝试。蓝印花布是命题作文，而能够在作者笔下，比较好地融入到了一个完整的故事中，这种虚构能力和组织能力，着实让人称奇。

11. 一块蓝印花布

田甲由　北京市海淀区七一小学

以前啊，在一座遥远的桐乡小镇里，有一位美丽的姑娘。

她很美丽高挑，性格开朗活泼，学习也很优秀，但她从小就父母双亡，一直和祖母相依为命。

她的祖母每年到她的生日，都会做一件蓝印花布的衣裳送给她，因此，虽然她的家境并不富裕，但她仍然感到很幸福，她也认为她很爱蓝印花布。

但她很快发现她错了。

“什么？祖母！您怎么能让我跟您学制作蓝印花布?!”

“怎么了，乖孙女？你不是挺稀罕这蓝印花布吗？”

“这不一样！我怎么能跟您学做蓝印花布？我明明可以离开桐乡，去更广阔的天地闯荡！”

“有啥子不一样吗？唉，还有，女孩子家家，在本地找个如意郎君嫁了就得了嘛！还去外面闯什么荡吗！”

“然后呢？跟您一样裹什么‘三寸金莲’吗？我才不想在这里待一辈子，去学什么破蓝印花布！”她急得都快哭出来了。

“什么？你不想学？你知道这蓝印花布现在想做有多难吗？很多人想学还学不到呢！这蓝印花布，你想学也得学，不学也得给我学！”祖母气呼呼地说道。

“什么？您……您……哼！我偏不学！”说完，她撒开腿向屋外跑去。

“哎！停下！小芳你等等！哎哟！”说着，祖母因为行动不便，被门槛给绊倒了。

她回了一下头，然后便继续向前跑去。

……

夜深了，深山老林中显得格外可怕狰狞，一棵棵树上，仿佛都长了一张诡异的脸；一块块石头，仿佛传说中吃人的妖精；一束束枯草，仿佛一个个邪魅的影子在舞动……

她跑累了，只好停了下来，四周暗极了，仿佛一个个山精树怪都潜藏在林间等着猛扑出来吃掉她。

她没有办法，只好一边向前走，一边大声地呼喊着求助：“祖母？李叔？你们谁能听见我说话吗？喂，有人吗？”

突然，她听见了身后有“沙沙”的脚步声。

“喂，祖母，李叔，是你们吗？”

突然，从草丛中扑出了好几只大野狼。

“啊——救命啊！”她一边跑一边呼救，可后面的野狼穷追不舍。突然，她被石子绊了个跟头，可她顾不得伤痛，赶紧爬起来继续向前跑。

深林里到处都是沙砾和石子，眼看就要被那些大野狼追上，她突然想起祖母曾经说过狼不会爬树，于是她连滚带爬地蹿到了树上。

几匹大野狼却依然不肯放过她，一直在这棵河边的大树下徘徊。

这时，突然下起了小雨，不一会儿，就变成了倾盆大雨。雨点打在了她的身上，冷冷的、湿湿的，还有像怪兽在咆哮一样的惊雷打响在不远处的林间……

天色越来越暗，只能隐约看见大野狼那闪烁着贪婪的凶光的绿眼。

“如果在平常，我像今天这样睡不着的话，祖母一定会讲故事来哄我睡觉的……”她不禁开始想入非非，“早知道我就不该离家出走的……我也不该不听祖母的话，她年年都在为我而操劳着，明明祖母就行动不便，还要天天倒腾那蓝印花布……祖母，我错了，我不该……”

突然，一阵狂风刮过，一下子刮断了她坐的那根树枝，她一下子落入了冰冷湍急的河水之中……

“祖母，我错了，我再也不……”说完，她就什么也看不见了。

……

当她再次睁开眼的时候，已经是午夜了，她惊讶地发现自己躺在了温暖舒适的床上，祖母正端着一碗粥坐在床边。

“祖母……”

“嘘——你需要好好休息，小芳。李叔刚刚在镇外的坝上发现了你，你看看你，怎么都跑去镇外了？要是遇上大野狼了怎么办？”说着，祖母突然掏出一块蓝印花布，眼神突然变得有些悲伤，“唉，你妈当初就是为了这块布才掉进那条河里的，你爸为了救你妈，也，也……唉，你爸妈被救上来了，但他们不像你，前世里积了不少德，救上来只剩一口气了，临死前他们还让我好好照顾你……唉，你说说你这孩子，咋这么不争气呢？你咋就偏偏不稀罕这蓝印花布呢……”

她的眼睛湿润了，猛地坐起来，抱住了祖母：“祖母，我再也不离家出走了！再也不了！我学做蓝印花布，我学……”

……

后来啊，人们总听说有一个四处流浪的婆婆，每到一个地方，就教那里的人做蓝印花布，大家也不知道她叫什么，但大家都只管叫她芳婆婆……

★作家点评★

作者有很圆熟的写作习惯，比如自然段的切分，大部分同学都不知道如何用这种手段来调整阅读和写作的节奏，但作者就控制得很好。这显示的是作者对自己所写的东西有理解也有把握。从内容上来说，并没有太创新的地方，也是不少同学共同选择的主题，但作者的行文，则是超乎年龄的，这就让这篇文章的阅读感受非常不错。写作的细节，不管是行文习惯，还是具体细微之处的遣词造句，都是很体现作者能力的。

12. 一块蓝印花布

翟嘉琪　徐州市青年路小学

“终朝采蓝，不盈一襜。五日为期，六日不詹……”母亲轻吟，眼波微转间，加快了手中的活计。

“姆妈姆妈！陪我玩嘛！”七岁多的她，举着前些天从集上软磨硬泡下得来的小风车，小兔子般地飞奔过来。

“囡囡乖，等爸爸赚够了钱，就回来陪你玩，好吗？让姆妈做完这批蓝印花布，你先去院子里玩，听话。”母亲低着头，一面快速为布匹上浆，一面回答。

她嘟起小嘴，皱眉鼓腮，盯着母亲手下一张张上了浆的蓝印花布，喃喃抱怨，一会儿却气呼呼地去了院里。

“阿爸阿爸，您什么时候才能回来啊？我好想您……”她抱膝而坐，手捏小木枝，一下下戳着泥土地，闷闷自语。任夕阳，把自己小小的影子，拉长，拉长……

无人问津的童年追着桐乡的蝶，翩转而逝。她已然成为亭亭玉立的大姑娘。几年来，母亲仍制着蓝印花布，刻版，刮浆，揭版，阴干，浆布，暴晒……每一步，都如此虔诚，如此用心。小时没有玩伴，她便只得拼命学习，终于挣脱了故乡的风筝线，飞向更辽远的世界。

2017 年北京国际时装周。

秀场上，朴拙幽雅的蓝印花布元素成为最大亮点。简单、淳朴的蓝白两色，创造出一个丰富的艺术世界，一个母亲用一生坚守的梦……

观众席上的她，登时，泪流满面……

时装秀结束后，她当即买了飞往故乡的机票，连夜回到那个令她魂牵梦萦的地方。

数年后，在家乡的土地上，她与母亲，将这古朴庄重的非遗文化，虔诚发扬，传向远方……是那抹熟悉的夕阳吧，将那蓝印花布静静守望，温柔地渲染了染坊中母女俩欢盈的脸庞。

“其钓维何，维鲂及鲊。维鲂及鲊，薄言观者……”

★作家点评★

能够找到准确的引用，对作者来说不仅意味着写作能力，资料调度能力，本身也是阅读素养和阅读深度的体现。如果作者在写的时候，自然就反应了出来这些诗句，那真的是非常非常厉害了。同样的主题，不同的作者写起来真的是不一样的，对于同样的工艺要素，作者堆叠起来的那些简单的词汇，已经足以勾勒了，并不用做太多别的铺陈，可以说是非常简练有力的叙述。而整个故事，同样是对传统的坚守，但却表达得比较扎实，情绪饱满。最后的引用更是漂亮。这是一个很让人期待的孩子。

13. 一块蓝印花布

袁黛茜　北京市人大附中

白苗做蓝印花布已经三十五年了。

那年别时，他与黑子都是二十岁的青年，初离校园，白苗果断从事了自己喜爱的传统工艺，黑子也喜欢这，却为家人所迫海外谋生。过两天，在纽约同学聚会，黑子会来的。

白苗左挑右拣，选择半天，还是觉得这蓝印花布得当。

六月，纽约。

他先来了黑子的家。

一出机场，黑子上来迎，银彩已渲染了青丝，时光辗轧肌肤，已不再是年轻模样。

“我给你个惊喜。”

“别这么故弄玄虚，跟年轻时一样。”

他一翻裤兜，翻出那折得整整齐齐的布，双手擎起，说：“给。”

黑子一展开，眼泪瞬间盈满眼眶，他生怕那落下来，一抬头，泪又流了回去，流进了心里……

“我……也给你……个惊喜。”他有些抽噎地说。

开车，家在不远处，不，房子在不远处。

一看那房，白苗的眉头果然一挑：那黑色的瓦，白色的墙，院子里的青石板路与小桥，叮咚小河……

“想家了，就看看这个，对了，其实你也应该在海外开个蓝印花布铺，海外也该有咱家乡文化的弘扬。别说思乡了，越说越想……”黑子背过了头，泣不成声。

不惧世事沧桑，已至衰亡，

自知终有一日，重绽纷呈。

1866 年 6 月 10 日，我只是一块布。

忽然，一块雕镂花版压在我的身上，我的身躯又被什么东西抹了一下，迷迷糊糊睁开眼，看见那一排排整齐的小花，我开始期待，期待美丽的自己。

我被架上晾白，开始在阳光里舒展我的身躯。我静静地凝望，看那桥上熙熙攘攘的行人，看那小船缓缓漂过，看见黑白色的小镇如水墨画般，又似乎有些“审美疲劳”，可能这里一千年也是这样。

不知多久，又被带回。这次又有刷子在我身上轻摩几回，我的身躯渲染为湛蓝，又点缀几分洁白，接着又沐浴在了阳光中。

不过这次，那桥、那水、那巷依旧，行人却不似昔日那样。那些男士，上衣裤子都是深蓝色的，还能看到他们白色的内衫和颈上挂着的长长的红白相间的东西。我疑惑着，可只有微风轻抚我的脸庞。

回来，受住了刮刀的疼痛，终除去防染浆，成为了经典的蓝白，我算是诞生了。

我被挂上橱窗，看那来往行人，谁能看上我这典雅的风尚。可那些穿着奇特的人们，有的瞥一眼我又匆匆走开，有的都懒得瞅我一眼，我只得等待。一天，两天，一周……

忽有一天，一位老顾客光临这店，语重心长地说：“哎呀！在您这儿买了多少年布了，也算是熟人了，咱啊得懂得什么是潮流！你看这满大街子的，有人愿意穿这个吗？人人西装领带，穿这个人家会耻笑的！”

“不是，这日子是怎么了？”店主问。

“您不知道，那个留洋的回来了，就咱这儿啊卖洋装，火得很呢！”

店主这个人有些傲骨，说白过于执着，认为人们总会欣赏到美，只要他的货真的美。我只好每天还在橱窗，看烟雨缠绵，滴答不停。天是乌云的灰，房是单调的黑白，在这般无色彩的世界里，是那般的哀怨、惆怅……

终有一天，店铺关闭了，战火袭卷来了，我便深藏在了无边无际的黑暗中，慢慢用那慨叹千古兴亡、感言人生挫折的诗赋，安慰自己年轻而苍老的灵魂，慢慢睡去……

不知白驹过隙般滑过几许年华……

突然在“哗啦”一声中我被惊醒，压在我身上的重量逐渐减轻，小碎石瓦砾也被逐渐抛开。一束光，一道光，我完全裸露在了光之下！一只手在我身上轻轻摩挲，道：“又一块精美的蓝印花布，估计是一百多年前这儿的那个老店里卖的，没卖出去。放在乌镇那边的蓝印花布展览厅里吧！”

我在展柜里静躺，看那昏黄的灯光下，讲解员带着一群游客，来到我的面前，道：“这个蓝印花布一直是这里的百姓穿着，廉价又工艺精美。后来洋务运动起，洋文化渐渐令人们向往，中华文化便不再举足轻重，传统手工艺也随之衰亡。后来2000年以后了，国家开始提倡‘文化自信’，重视非物质文化遗产的保护，人民物质富足了，精神上也更追求那种返璞归真的情致和古香古色的美感，蓝印花布重现辉煌。人世是跌宕无常的，但美与文化的精粹却似酒，在时光中缓缓酝酿。”我能清晰地看到游客眼里的感慨与触动，那微张的口，那上挑的眉，那怕漏丝丝细节而睁大的眼。

岁月绵长，人世沧桑，谁愿再次轻抚我的面庞，承诺一句：“文化传承，决不彷徨！”

★作家点评★

这篇文章想法是不错的，但行文上有很大的问题。一个作者的叙述，实际上是引领着读者进行一次故事、情绪等等的体验，这个体验应该是连贯的。但作者在文中骤然转换叙述的视点，对阅读来说是很大的破坏。前后的情绪连贯不上，就会显得突兀和断裂。而最后，归结在“文化传承”这一点上，同样显得突兀了。哪怕是之前，更多都是乡愁和怀念向的叙述，忽然的拔高没有基础。希望作者能再仔细考虑下，到底写这篇是想给读者什么样的体验。

14. 一块蓝印花布

高彦恺　无锡市育英实验小学

蓝印花布哟！
你来自数千年前的民间技艺，
你用自己的生命与丝绸匹敌。

蓝印花布哟！
你诞于数千年前的辉煌时代，
你用自己的外表诠释“高手在民间”。
时光如流，功德千载。
生于桐乡，奔向世界。

一块蓝印花布，一棵高大的树。
一堆非遗奖项，一串数不清的数。

蓝印花布哟！
你从民间走来，
质朴是你的风采。
你向世界奔去，
多样是你的气概。

蓝印花布哟！
你用美丽的外表，
陪伴多少中华儿女，
你用朴素的内涵，
诉说多少民间故事。

蓝印花布哟！
你身后，又有多少双智慧的手，
蓝印花布哟！
你背后又有多少滴辛勤的汗水。

你可曾记得，
刻版师傅那豆大的汗珠。
你可曾记得，
织丝工人的默默奉献。
你可曾记得，
制浆人那难能可贵的智慧。
你可曾记得，
晾晒者那健美的臂膀！

现在，你结束了刻版的生痛，
纱布的不适，
染浆的潮湿，
烈日的暴晒。

蓝印花布哟！
你现在静静地躺在柜台里，
成了国际的座上客，
接受着宾客的欣赏，

你，不曾被人们遗忘。

你，
已是中国纺织业的领头羊。
世界非遗的领跑者，
民间技艺的一面大纛。

因为，
你用光荣的身影，
支撑纺织业的荣耀。
因为，
你用磅礴的力量，
推动新的时代。

★作家点评★

现代诗其实并不如作者以及许多人认为的那样好写。现代诗也并不是仅仅用断句、换行、分段来构建其基本的建筑美感的。而且，在作者的写作中，我看到了不大好的倾向，那就是将小事情进行无意识的拔高和形而上化。写作或许的确有宣传的作用，但找一些不太准确的点一味进行拔高，实际上在文学上是非常偷懒的行为。作者其实是有相当文字能力的，对文字套路也很熟悉，希望能更真切地去体验文字的细腻之美。

15. 一块蓝印花布

吴越　北京市海淀区七一小学

打开一块蓝印花布，透过深蓝的布料，我看到了江南；我看到了人们对艺术的执着；我看到了劳动人民忙碌的背影。

乌镇这里的天不同于别处的天，大部分是灰色的，偶尔会变成浅浅的蓝色。

乌镇是一个水乡，它的河流贯穿了整个城镇，宁静而悠闲，偶尔会有一艘乌篷船划过。河水是淡绿色的，鲜明且突出，桨每划一下，便引起一片水波，为小镇注入活力。

我站在好似巨人船的桥上，想象着他载着我们渡河的样子，我惊奇地发现，水里竟然也有一座桥，让人难以分清哪个是桥，哪个是倒映出来，轻轻地把它磨平。

河边的绿柳像姑娘的秀发，迎风飘扬，这碧绿的垂柳好似雪地里的一抹颜色，鲜明而跳跃，我把包装打开，小心地取出了这颗智慧的宝石。

白墙、黑瓦，木架构、木门窗，一幅美丽的江南风景渐渐成形，一幅独特的自然杰作诞生了，一座座房子开始显露了出来，图画开始变得丰富。一道道伤痕，仿佛一条条皱纹，古老的房子像一位位老人，似乎有数不尽的故事要诉说。两色的古典气息越来越重，我看着手中的花布，蓝白色彻底分开了，一朵朵花是多么的漂亮；一道道风景是多么美丽，充分体现了乌镇的人文特色，为江南画勾出了灵魂。

我带着花布继续向前走，太阳照了过来，深蓝色仿佛蕴含着潮水般的寒意，突出的颜色点燃了整幅画，发着光的花布似乎在拯救这个被施了“黑魔法”的世界。

突然间，云朵不再分散，一片片乌云聚到了一起，雨下了起来。终于一滴清澈的水滴在了布上，沉浸在艺术中的我连忙把蓝印花布收回，到边上去避雨。

颜色开始变黄，太阳升了起来，带着力量与希望，我再次取出了我的蓝印花布，蓝印花布已经湿了，我望着金黄色的太阳，我看到了乌镇以前的样子。

一块块花布体现的是智慧与心血，在古代，人们用各种办法去印染，用各种方式去尝试，这里布满的甚至不仅是智慧和心血，更是一位位劳动人民的灵魂。

我透过蓝印花布再次回望乌镇，我看到的不是别人说的小桥流水人家，更不是乌镇……

★作家点评★

这位小作者的问题在于，一开始就缺乏对全文的规划。文章的核心是什么？到底写什么？重点落在哪里？诚然，对文字、篇章的这种规划能力，很大一部分也算是天赋，但如果能够多注意一些，对于绝大部分人来说并不难。从作者对文字细节的驾驭能力来说，实际上还是比较有品质的，前半篇对于景物的铺陈，尤其是引领读者视线的方式，都相当不错了。谋篇问题能解决，当可以提高相当一截。

16. 一块蓝印花布

李梦丞　成都市泡桐树小学

蓝印花布，既是穷人最体面的着装，也是江南小镇的文化代表，如高尚素洁的兰花，也如婉转高雅的唐诗宋词。

蓝印花布兴盛于唐宋，却并不始于唐宋，早在两千年前《诗经》就载着“终朝采蓝，不盈一襜”这样对蓝草染色的赞美。荀子也曾经说过“一青”，这一青正指被蓝草染上色的布料。如果说丝绸是富人的地位象征，那么蓝印花布就代表着穷人的不屈和朴素。蓝印花布只是一块被蓝草枝叶染色的棉布，它不能与华丽的丝绸、镶着宝石珍珠的铠甲相比，但它却有自己的美。它是由数道工序合并而成：先要在模子上刮上一层由黄豆粉和石灰粉共同合成的防掉花纹的膏；接着挤出蓝草叶子的汁液融入温水，变成深蓝色的；后来要将刮掉膏的棉布浸入水七到二十四小时；最后为了不起皱纹，要平晾在高级晾衣架上呢！

来之前，我曾在书上见过蓝印花布，用处许多，可以盖在头上，可以做成小包，还可以做成十二生肖的玩具或勾勒了传统花纹的衣服，既素洁又廉价，是古时江南人必不可少的用品。临走前妈妈还塞了四百元给我，叫我好好挑几块蓝印花布送给她。

参观蓝印花布途中，老师勒令不许买任何商品，走着没一会儿，一家家琳琅满目的蓝印花布专卖店转瞬即逝。眼看着小镇的出口近在咫尺，我急得如热锅上的蚂蚁、干涸河床上的湖龟。当老师领着我们进入一个蓝印花布的博物馆，我的目光射穿黑压压的人群，借着灯光反射，瞄见一方木牌，上面镶上五个大字——蓝印花布坊。

怦怦、怦怦怦、怦怦怦怦！我的心跳骤然加快，过了这村再无此店，这时不买何时再买，我总不能空着手回去说：“母亲，我把钱带回来了，把任务留在浙江了。”我不再多想，掏起一百元向店铺冲去，老师发现时，我已经快要成功了，两个闻声赶来的老师没拦住我，只能气急败坏地望洋兴叹。

很快，我回来了，绕开了老师焦急的目光，从容归队。老师还想多说什么，一声欢呼从队伍里传出，许多同学和我一样，去购买蓝印花布。老师们手足无措，领队老师不在，几个年轻漂亮的老师也在同学的簇拥下争先恐后去购买，从此老师再未禁止我们购买商品，我也不曾想到一块蓝印花布会有如此之大的作用。

这一块蓝印花布是江南小镇几千年文化的结晶之一，它们象征着朴素、不屈。它们融入了所有制造者和购买者的汗水，也融入了传统的手艺，它没有丝绸轻巧，也没有丝绸华丽，但它代表着人们独一无二的性格特点。

我就是我，独一无二的烟火。

★作家点评★

这篇稿子写得很有趣。说不上很好，但的确是在文字中带入了自己的经历和情绪，比起单纯去写蓝印花布的历史，多了些东西。不过，这种结合看起来还比较薄弱，显得不大够的样子，自己的经历和蓝印花布的历史，以及自己对此的体认，感觉是几种不同的笔调。作者有着自己的想法，但在行文和驾驭文字方面，还需要练习才能逐渐形成自己的东西。不过，既然作者有着特立独行的喜好，想必总能找到不同的亮点来呈现。

17. 一块蓝印花布

陈子喻　无锡市侨谊实验小学

我，是一块蓝印花布。

我，躺在一块绢布上。

我，有个名字的——鲲之志。

我，每天要被千千万万的人注视着。

我，想给你讲讲，我的故事……

我诞生于水墨江南——桐乡，我和我的同类，应该也算是见证桐乡历史的吧。

我身上有一种淡淡的苦味儿，因为，我是被蓝草染成的。如果你问我蓝草是什么，我只能告诉你，蓝草的根，可以治你们人类的病，嗯……它也有名字的，叫“板蓝根”。

我，大概是这个展馆最老的吧，但是，历代的沧桑，我是不会忘记的。

我由千丝万缕组成，我又非由那千丝万缕组成不可。我成为一块布所经历的苦楚，是你们意想不到的。

我原是一块上好的白绢布，被送来了这个工厂，来被制成——一块蓝印花布。

也许，是我本身的价值比一般的白绢布高得多，我原来引以为傲的雪白肌肤，被制成了另一种形式。

复杂到令人癫狂的图腾，构成了我现在的样子，难以想象这图案，竟用点、线、面三体构成。

我被压制在一张木板上，镂空图形的木板抵制着我。我妄想反抗，却不得脱身，颗粒状的粉末倾巢而下，电光火石之间，我的毛孔就被堵住。我窒息险昏，却一次又一次地，被施以酷刑……

我被晾在一边，直至我以为那群恶魔已经忘记我时，恶魔又出现了。

他们将我丢入一口破桶，那里面倒着阴森森的蓝水，闻而皱眉。苦，那种闻了就令人作呕的苦。我被无穷无尽的蓝水淹没，原先雪花石膏般洁白的皮肤被深蓝所浸染，我的眼前，只有一片深蓝、深蓝……

几天之后，我被取出。我不再妄念我又有美丽的肌肤，让我躺躺，我累了。

我昏睡了五天五夜，最后，我竟是被一道刺眼的阳光晒醒的。

我现在的模样，就已经是当时的模样了。

那几十条线所组成的线条交织、重组，着了魔般组成了一个个图案，那几十个图案旋转相衬，令人难以相信地组成了现在的我——鲲之志。

扶摇直上，宁为垂天之青云。我如沐新生，我之前所度过的点点滴滴，都如同梦境般虚幻缥缈……

我被送进店铺作镇店之宝，过往的人无不驻足观赏。想来，我若还是当初那块白绢，也不会辉煌至此。

欲戴王冠，必先承其重。

我当了几十年的镇店之宝，却被博物馆买下了。

我躺在一块白绢上，想着我与它不同的命运。

几百年过去了，我身上的味道虽淡了，颜色却未减半分。

我，有我衰老的那一天，但创造我的方法却不会老。

我，有我死去的那一天，但创造我的方法永远不会死去。

我的同伴们原本的职务，是为卑寒的人遮挡他们的躯体，但我和它们的后代们，却成为了中国上下五千年文化里的一块永不灭绝的里程碑。

我的故事，讲完了……

★作家点评★

代入第一人称写蓝印花布，这个想法很不错。作者的行文节奏很好，能够从材料中反推第一人称的观感，用的各种描述方式，修辞手法也都很准确。让人略有些遗憾的是，或许是受限于作者的阅读积累，在准确的修辞手法中，并没有每次找到最精准的用词，这就使得全文显得架构舒适，但具体的阅读感觉总有些凝滞。如果时间允许，作者最好自己修改一下，可以大大提升这篇文章的完成度。

18. 一块蓝印花布

张若桐　承德市兴隆县第一中心小学

蓝印花布是一种非物质遗产，在古代被称为“药斑布”，在乌镇一带被称为“拷花布”，蓝印花布在古时候十分得大众人民的喜爱，被褥、头巾、衣服……都使用的是蓝印花布，而主要的制作方法有四步：（1）制作花版。（2）漏印拷花。（3）蓝草染色。（4）刮花整理。花版主要是以纸为版，先在上面刷一层桐油，再刻出花的样子，这样，花版就基本完工了。蓝草的基本作用是用它里面的色素来给蓝印花布染色用的，当然，蓝草又名板蓝根，色素主要是从板蓝根的叶子里提取的。不过，制作蓝印花布还需要一个重要的步骤，那就是用石灰粉和黄豆粉搅拌而成的防染剂了，只要把防染剂涂抹在镂空花版上，再刮掉，底下的棉布上便有了“花”。最后染好颜色后，进行一番加工，整体完工后，便把剩余的防染剂刮掉，这样，一块蓝印花布便做好了。

这次，我们去乌镇参观，果然看见哪家店里都有蓝印花布的存在，但最吸引我的，是在丰同裕染坊里的一块刻着“浴火重生的凤凰”图样的那个。因为浴火重生的凤凰表示，虽然蓝印花布有一段时间衰落了，但凭着她的纯洁，她的朴实，一定可以重新展示出她的不朽辉煌的，就像凤凰一样，经过痛苦以后，就会展现出更加亮丽的辉煌。

虽然现在国家已经开始重视了，但我们一定要保护好她，让她不在这个与时俱进的高科技时代里被人们所遗忘。请想一想，如果将来的蓝印花布是用机器制造的，那么每一块便都是相同的，没有温度的。但如果我们用非遗制作方法的话，每一块蓝印花布都是不一样的，每一块都是有温度的，包着情感的。试想一下，如果你拿到的是一块用机器制作的布，你的感受是什么样的？而你拿到有温度的蓝印花布，感受又是什么样的呢？所以，非遗就在我们身边，我们一定要保护好并发扬下去，绝不能让它们从我们身边消失！

★作家点评★

这篇文章的前后半截的断裂感比较严重。从写作这样一篇文章来说，其实罗列材料不是个好选择，这些内容并不代表个人实感，很难将干巴巴的数据和过程，和自己的体验、情绪融合在一起。毕竟命题要求虽然没有禁止，但也并不强调文章的说明文属性。造成这种情况，觉得可能是审题过度。进行创作的时候，对于题目的理解需要和自己的想法、实感进行结合之后，考虑如何行文。不然很有可能出现太把题目中的一些字眼当作中心的做法。这样的问题，在年轻的作者中间，并不是个例。

19. 一块蓝印花布

杨昊霖　西安市陕西师范大学附属小学

我从小都是不喜欢蓝色印花布的。

妈妈的一个同学，在我五岁就送给我了一块蓝印花布，但我不喜欢它——嫌它土，嫌它丑。可妈妈却说要用它给我缝裤子——我万般的沮丧。我也很不喜欢染坊工人，他们一天在满是各种颜料的“作坊”里工作，我总对他们敬而远之。

在我 8 岁的时候就来了一次桐乡。一想到要踏进那又黑又脏的染坊，气就不打一处来。当我站在宏源泰染坊的大门前时，每一片树影都小心翼翼地伸展着。当我踏进染坊时，突然感到一阵清凉——一切都是那么井井有条。几匹布懒洋洋地在竹竿上悬挂着，一股蓝草的味道扑面而来。染坊里，几位染色工人正在有条不紊地工作着，有些在给布匹上浆，有些在给布匹染色，有些在给布匹裁剪……这一切，让我记忆犹新，流连忘返。

在这之后，每次路过蓝印花布店，我都要进去仔细地看一看。我看小巧玲珑的钱包，看大气昂扬的布匹，我看美轮美奂的花儿，看活灵活现的小鱼。这些图案，这些蓝，深沉而不失风度。在那些线条里，古朴又不缺素雅，对于中华文化，是一笔弥足珍贵的财富。

我想，我们没有理由不尊重染坊工人。在这数十年的沉默中，他们一直在努力着，最终申遗成功，我们最需感谢的就是他们。

是他们，承接了古代扎染艺术的发展，好似一杯美酒，虽逾千年，唇齿留香。

“喂，你想什么呢？”妈妈拍拍我。这已经是多年前的一幕了。“蓝印花布呀！”我笑着说。“那么，在蓝印花布中，你最喜欢的是哪一部分呢？”“我想，是它的蓝。这蓝，不是天空，也不是海洋的颜色，是中华民族智慧结晶的颜色。古朴中渗透着智慧，它，不仅仅是一种颜色，更是一种，对于真、善、美的希望。”

“知道这是什么吗？”妈妈问我。“是我小时候那块准备做裤子的布呀！”妈妈说自己拓不好，又没有找到合适的裁缝师傅，所以才暂时放下了。其实我知道，妈妈只是舍不得罢了。“既然这样，您就把它送给我好了，我一定会好好保存的。”

我想，我长大后定会带着这块布去走南闯北，告诉全世界的人，这是桐乡，是江南，是华夏，是整个中华民族用它们的辛勤汗水与智慧创造出的瑰宝。它细致的花纹中带着粗犷，平淡的颜色中带着澎湃，中华文化定会在这张布里永远地传承下去。

★作家点评★

从剧情的角度来说，这篇虽然剧情完整，但略显得生硬。作者对于染坊的那种初始情绪，其实写得很可信，节奏也很舒服。只是之后的转变和转折，则让人有出戏的感觉。驱动人产生变化的可以是事件、可以是人、可以是特定的理念，但是光以大道理来推动改变，这一点也不文学，也不大符合常理。其实，多加一道论述就可以了，这些珍贵的遗产为何成为珍贵的遗产，到底哪里值得奋斗？这样一来，整个文章的逻辑和情绪，才完整起来。

20. 一块蓝印花布

顾乔木　杭州市学军小学

这是一块主体为深蓝的布，却有精致对称的花纹，有点儿像剪纸。这就是一块蓝印花布。

桐乡的蓝印花布源自乌镇，是国家非物质文化遗产。蓝印用植物做染料，无污染，但一洗会掉色。它无论怎么洗，怎么糟蹋，还是经过多少岁月，花纹仍不模糊，甚至一点儿也不变。为什么呢？这跟玉米粉与黄豆粉有至关重要的作用。首先，把玉米粉、黄豆粉与水拌匀，形成糨糊；把刻好图案的牛皮纸压在白布上，均匀地刷上浆糊，接着把纸拿去，并将其晾晒一段时间，待糨糊定型；再把布放入用蓝草制成的颜料水中染色，反复几次，直至颜色满意。这时，你会发现，花纹已经形成，刷上浆的地方没有颜色，因为，这个浆具有抗染色与具黏性的作用；再晾晒，干后去浆即成。

蓝印花布虽然很朴素，但很美观。用它做成的狗，是极其适合的装饰品，一个蓝印花布的钱包很有古代气息。这是我很喜欢蓝印花布的原因。

现在，不仅是蓝色。越来越多的植物用于染色，使它丰富多彩。这样一来，蓝印花布更受人们欢迎。

这块蓝印花布，放在椅子上，撑着一盆花。每天去浇水，都能看到布上的花，与真花映衬着，秀丽中又多了几分淡雅。

蓝印花布制作非常麻烦，要一周左右。它过去是买不起丝绸的穷人穿的，但我却格外欣赏它。它从不华丽，但也用途极广。

蓝印花布是古代人民智慧与勤劳的结晶，在乌镇里有重要的地位，也备受游人青睐。

蓝印花布是无华的、纯洁的。

★作家点评★

从细节开始描述蓝印花布，再由此开始联系到工艺、历史等等，是一个非常正统的写作方法。作者的笔触让人觉得很舒服，简单，但逻辑清晰，层次感也不错。可以加入一些自己的语言习惯，使其看起来更像是自己的认知和体验，而不是在看资料抄资料。这种语言细节的处置，往往也是初入写作这行当的人会忽视的。写什么、表达什么固然重要，但另一个问题就是怎么写，怎么写得简单明确但有自己的特色。

21. 一块蓝印花布

王士杰　武汉市武昌区复兴路小学

夏末秋初的八月，当我第一次踏进染坊，那一块块制作精美的蓝印花布，映入我的眼帘。在那一刻，带给我视觉上与心灵上的冲击与震撼，我真切地从心中，不禁体会到另一种美与文化！

蓝印花布最早出现于秦汉，在明清发展至鼎盛，由一件工艺品，到人们生活中的必需品，蓝印花布开始真正地融入人们！它的制作较为复杂，要经过取料、刻印、晾晒等过程，只有历经这些工序，才有现在我们所见到的精美绝伦、纯手工的蓝印花布。

蓝印花布的外观，简直让人拍案叫绝，在一瞬达成心灵上的共识。

深蓝，一种更深沉、更深邃的色调。当我第一次看到蓝印花布的这种深蓝，我仿佛那一瞬间便飞翔在大海的上空，脚下是深不见底的海水，一种你永远都不知道，那暗蓝的水下究竟是什么的神秘感；眼前又是天边无尽的水域，那份用蓝色接连天地的遥远与距离感。

图案，这个作为真正装饰的东西，对蓝印花布来说，不再是剪贴，而是压夹，这更增加了花布外观的真实。瞧，挂在墙上的这一块，只见一朵娇艳的鲜花镶嵌在中间，几层各色不同的花蕊，大的、小的、多的、少的，紧密地交叉在一起，这显得更加整体化。颜色的深浅不一，互相融合，也更有了那份美妙的韵味。就在这一刹那，我似乎越过了高山，来到原野上，微拂的清风缓缓吹来，撩起我的衣襟，吹起叶瓣的模样，好像少女的笑容，瞬间点亮我的童心。

蓝印花布精美的图案，因为压夹，会永不褪色，也似乎暗示着，那份民族文化会永不磨灭，会永久地散发出那耀不可挡的光辉！

你可以想想，在古代封建社会，有哪一家平民百姓能够穿得上丝绸，所以民众只有穿上自己制作的蓝印花布的衣服。

我曾经亲自闻过蓝印花布的味道，那是一种不可描述的、犹如稻谷、带一点腐蚀的气味儿。当我紧紧地握住它，就仿佛看见劳动人民的辛勤劳作。在那个苦命的年代，蓝印花布无疑是人们最好的精神支撑，无时无刻不出现在人们周围。

美丽的蓝印花布，每一种颜色、每一个图案，都深深凝聚着劳动人民的智慧与非凡的艺术创造力，也更体现了一种深沉的民族文化和艺术的沉淀。

作为新时代的我们，更应该，也更有责任，在生活中、在社会上，将这种民族文化，这份艺术创造传承下去，并发扬光大！

或许在未来的某一天，某一个广场或大厅里，人们都纷纷穿上蓝印花布，亦许是在包上印一个金钱的图案，亦许是在帽前印上一只美丽的天鹅。

那漂亮的蓝印花布啊，带给我另一种美与文化！

★作家点评★

作者的问题在于，描述虽然多，但定调却不大准确，描述的用词的指向模糊。虽然说是以作者的联想作为阐述基础，但其中可观的要素略少，不足以建构起读者完整的印象。修辞手法是为了文章服务的，但作者感觉有点写得太得意了。全文其实有很多亮点，比如对蓝印花布的气味的描述就准确多了。但从全文的尺度来看，作者对自己太自信，写得太随意和松散了。

22. 一块蓝印花布

兰姿墨　成都市四川大学附属实验小学

天空是纯净的天青色，缥缈的白云在风的吹动下缓缓移动，两朵云撞在一起，就交织成一大片云；风从一侧吹向白云，活生生将它撕开。就如同一块美丽的蓝印花布。

阿桃却无心欣赏天空的美景，只是低着头，努力地拎着那桶才打来的井水。一边走还一边想：都怪大黑，要不是它，自己可能还在睡觉呢。低头看见井水里倒映着宛如蓝印花布的天空，就使劲摇晃一下井水，将水面揉碎。我们家是什么传统嘛！母亲偏说必须打清晨时分的井水来做蓝印花布，阿桃愤愤不平地想，何况是这口井必须是村西头的。

却没注意脚下的石头，一绊，手一松，水桶滚了下去，阿桃的膝盖还擦破了皮，她抱着腿坐在那里越想越委屈，真想号啕大哭一场。

听见一个熟悉的声音："喂，阿桃你怎么在这儿啊？"阿桃急忙抹掉已溢出眼眶的眼泪，一瞧，原来是阿森。她回答："只是绊了一跤，把水给洒了。"

"哦，这个水桶原来是你的啊。"说着，将手里的水桶递过去。

"谢谢。"阿桃吃力地站起身，"不过，你为什么在这里？"

"这个嘛，我偷偷跑出来的，准备到河边去洗个澡呢。"阿森不好意思地揉揉脑袋。

他们继续往前走，阿桃叹了一口气：“唉，这下好了。水洒了，妈妈又要骂我了。”

“没关系，我陪你重新去打水，现在应该还来得急。”说着，拔腿就跑。

“喂，我腿有伤。”阿桃在后面喊。

“你还想不想打水了，想的话就快跟上来。”就这样，两人渐渐跑远了。

第二天一早，阿桃在窗台上发现了一只用竹叶编的小鸟，上面写着：“今天中午来竹林。”下面没有署名。阿桃却知道，能编出这种鸟的只有阿森了，但今天她都要待在家里跟母亲学做蓝印花布，怎么办呢？她心想。

果然，母亲领她来了染坊，开始教阿桃做布。母亲一边教一边说：“你看做布要这样，你必须仔细学。否则就败了我们家这百年染坊了！”她学着母亲做，先将石灰粉与黄豆浆拌在一起，再在布上用模板垫在下面刷。阿桃却心不在焉，时不时望望窗子，想着怎样才能找借口出去，又突然听竹林那边响起阿森那熟悉的笛声，一看太阳快升到最高处了，便更加心急。一不小心被桌边的木头的边划了手，出现了一条又长又深的口子。阿桃发出“嘶”的叫声，母亲叹了口气：“你怎么总是笨手笨脚，快先去包一下。”她走到家里的柜子前，抽出一条纱布包扎伤口，却想起这是逃出去的好方法，便简单包了一下跑向竹林。

在那儿，阿森早已坐在一块大石头上了，他看到上气不接下气的阿桃，笑着说：“你怎么慢得像蜗牛一样，我还以为你不会来了呢。”却突然从石头上跳下来，抓住阿桃的手，说：“什么时候弄伤的？”阿桃把手背到身后，“没事，只不过划伤了而已。”阿森却二话不说地抓住阿桃就往竹林深处跑。

到了那里，眼前竟是一口水潭。水里有鱼，却仿佛在空中飘浮着一样，水近乎透明，水底石头的花纹都清晰可见，阳光从树叶缝中漏下，“叮叮咚咚”地掉在水底。阿桃正发着呆，阿森就她坐在水边，小心翼翼地拆开纱布，对阿桃说："把手指放到水里。"

阿桃奇怪地问："为什么？"

"因为以前我发现把伤口放在这水中可以减轻伤痛，还会好得更快一些。"

阿桃将手浸入水中，清凉的水包裹着她的手，伤口处奇迹般的不痛了。阿桃欣喜地说："真的不疼了！阿森你可真厉害，谢谢你。"

阿森脸红了，说话也结巴起来："其实也……没什么啦。"阿桃还调皮地往他身上洒水。不一会儿他们俩就全身湿透，他们望着对方笑了。临走前阿桃将一块蓝印花布送给了阿森。却不知这将是他们相处的最后一天。

数年后的一天，阿桃坐在染坊里熟练地将布刷上石灰粉，一块一块地蓝印花布从她手里流出，她却不时地停下来，出神地望着窗台上一只已经快烂掉的竹编小鸟，深深地叹一口气。

正当阿桃制布时，门口一个身影出现了，阳光太过于刺眼，以至于她看不清来者的脸。他说："阿桃，你还记得这个吗？"说完，拿出了一块已经破旧不堪的蓝印花布。阿桃愣了许久，才喊了一声："阿森，真的是你，你回来了！"对于阿桃来说，它回来了，他回来了，布也回来了。

门外天空依旧是天青色，白云幽幽地飘动，时而挤作一团，时而分为两片云，如同一块美丽的蓝印花布。

★作家点评★

从行文来看，整个故事的架构完整，可以说是完成度很高了。让我对这篇文章印象深刻的是，长短句错落有致，没有故意拉长句子和做复杂修辞的坏习惯。对话、情绪和动作的描述也简洁清晰。对于这年纪的孩子来说，能做到简洁其实比做复杂、花哨要难很多，不管是对于自己、对于文学的理解还是对具体文字拿捏的处置都是。简洁实际上意味着并没有太多地方可以去隐藏那些错漏。用简洁的文字去锻炼准确的笔调，更能够锻炼人和体现写作水平。

23. 一块蓝印花布

黎迅巧　成都市四川师范大学实验外国语学校

桐乡，是一个历史悠久的地方，也是大作家茅盾先生、漫画家丰子恺先生的故乡。在这里，有着许多非遗，而最最出名的就是美丽的蓝印花布。

蓝印花布，是古代穷人穿衣服用的布。因为古代穷人买不起丝绸，更别说衣裳了，可是也要穿得体面一些吧，穿白布不好，于是穷人们就开始用许多植物来做成染料。渐渐地，纯色的布又有些俗气，聪明的人就在衣服上多做了些漂亮吉祥的花纹，人们都很喜欢，特别是蓝底白花的样子最受欢迎。因此，蓝印花布诞生了。

制作蓝印花布，不是一件容易之事。首先，要做一个带花纹的模具，放在一张白布上面，用石灰加玉米粉把白的花纹印在上面，是为了防止一会儿染的时候将白色花也染成蓝色，石灰和玉米粉就起到隔绝的作用，印好了后，将布晒一周。染料是纯天然的植物，一般为板蓝根。布晒完后，将布与染料一起煮，直到布染成了蓝色，煮完了当然还要晒，一般晒三周。布干了，马上就做完了，只需要把最开始抹的石灰玉米粉刮掉，洗一下，晒干就完成了。

2018 年的夏令营，我就去了蓝印花布的故乡——浙江桐乡。到了博物馆，我买了我认为最好看的一张蓝印花布。它大概 50 厘米长，40 厘米宽。我闻了闻，有一股植物的味道，有点臭，而且越往边越浓。这块布是双面都有颜色的，但只有一面有花纹，它的花纹是对称的，除了中间的英文单词，大概的图案是一个圆包着中间的英文单词，那个圆像一个花环，外边有各种各样美丽无比的花纹，最特别的是英文单词的下方有一朵花，美丽极了，我整天爱不释手。

非遗需要我们的保护，更需要天下人的保护，难道你愿意失去古人的智慧？愿意失去这美丽的布？

★作家点评★

对于一篇作文来说，这一篇没什么问题，但对于一次文学创作来说，这篇就显得随意了一些。作者在写一篇东西的时候，首先要考虑的是：我怎么才能不一样，而不是我怎么才能写完。一个题目，自己能够有怎么样的体验、怎么样的情绪，然后，找到一种适合表达的方式呈现出来，书写出来。可以说，哪怕是对于应试作文，这种思考方式仍然是有着极大的价值的。

24. 一块蓝印花布

杨益明　北京市陈经纶中学分校

一个清晨，桐乡郊外的一棵梧桐下，几丛蓝草长势正旺。“阿葛啊，我跟你说，要不是那次我在黄泥中摔个大马趴，哪里有咱们今日的腰缠万贯啊？所以你得感谢我，知道不？哈哈哈！”“是啊，要不是你阿梅，我自己绞尽脑汁也想不到，黄泥染在衣服上的黄色不仅不掉色，还十分漂亮呢！”这时，一股台风突然来袭，梧桐叶被风吹得沙啦啦响个不停，梧桐树上晾晒的染过色的布一股脑地飞落到树下的蓝草丛中。“哎呀，妈呀！快抢救衣服！”两个人手忙脚乱地把蓝草上的衣服通通扔进箩筐，放入室内，才松了一口气，瘫在椅子上。休息一阵后，阿梅和阿葛仔细检查衣服，却发现：所有的衣服青中带蓝，十分好看。两个人苦苦思索了许久衣服变蓝的原因，最终纷纷把目光投向了那几丛蓝草。

秦汉时期，梅先生、葛先生无意中发现蓝草叶子可以染蓝布料。自此，梅先生、葛先生被视为蓝印花布的开山鼻祖。

转眼间千年过去，无论秦汉，还是魏晋，都已成为历史。在世界上最大的城市——长安城的东市，一个商铺吸引了街上贵族和平民们的注意：那家商铺所卖的布样是长安城的人们闻所未闻的，蓝色的底色搭配白色的花纹，无不处处浸透着古朴典雅的气息。如此新奇的布料加上好看的纹路，让人们纷纷前来购买，同时也让老板沈小二忙得手足无措。他又要招呼客人，又要介绍花纹路，还要收钱，真是忙得不亦乐乎。“客官！欢迎莅临本店！本店的布都是从桐乡生产，顺着隋帝开凿的大运河逆流而上到了洛阳，又从陆路车马劳顿才来长安的，只为给您推荐这些又舒适又漂亮的蓝印花布！您看，这是牡丹盛开，象征荣华富贵；这是青鹤登云，象征万寿无疆；这是岁寒三友，象征高洁傲骨。您若不嫌丑，就买五丈为妻子、为父母订制一身好衣服！多少钱？一丈三钱！成交！您走好！欢迎再次光临小店！”直到午夜，沈小二才坐在椅子上，看看空空的库房，擦擦满头的大汗，深深地喘了一口粗气。

唐太宗即位期间倡导节俭，而这种简朴又美丽的布料便深受平民及皇宫贵族的喜爱。自此，蓝印花布跨越地区和等级的封锁，大踏步迈入大江南北，迈入皇宫贵族。

时光流逝飞快，又一千年过去了，当年大唐王朝的开元盛世早已灰飞烟灭，取而代之的是女真族的铁骑，跨越山海关，定都北京。

公元1846年的一天，桐乡石门镇迎来一件百年不遇的大喜事：桐乡丰氏一族开了家染坊，店名便是丰家大哥的名字——丰同裕。丰同裕作为丰氏的一族之主，又是丰同裕染坊的一坊之主，他绞尽脑汁在减小投资的情况下加大利润，提高质量。经过他半生的摸爬滚打，他总结出了一系列的蓝印花布印染方法，而这种方法至今还没有大的改变。

上世纪60年代，蓝印花布这一技艺被列入中华人民共和国非物遗文化遗产名录。国家加大了对蓝印花布的重视与保护，将这一濒临绝迹的技艺重新保护起来。

望着重建后的丰同裕染坊，我的心情久久不能平复。曾经的丰同裕为日军的炮火所灭，今天的丰同裕焕然一新，用机器量产的方法染制蓝印花布，这种蓝印花布更好看，生产力更强，同时也更耐用。我们要保护像蓝印花布这样的、老祖宗为我们留下来的宝贵遗产和精神财富，使之永垂不朽，传遍天下！

★作家点评★

这篇文章有点可惜。如果全文都照着开头部分的那种叙述调子，以一组或者多组人物来呈现整个脉络，也许要好很多。但全文在个人化和场景化之间来回跳跃，又缺乏过渡，显得就太口语化了。像是在随意唠嗑，想到什么说什么。作者在有限的文字中，想要讲的又太多了。从古至今，每个阶段都要说到，这就让文章看起来有些迂阔。写文章做减法，有时候要比堆积东西更重要。

25. 一块蓝印花布

王馨曼　西安市西工大附小融侨分校

像是天边淌过的流云，被这典雅的蓝布吸引了，舞动着那缥缈的洁白，在蓝布上开出朵朵花痕，像姑娘轻声倾诉的故事，霎时让人流连其中，那美丽的花纹又好似旅人束冠的发带，衬着那深邃如眸的深蓝，就像一条时空的隧道，白蓝交辉中，回忆的丝线悄然织成乌镇如画的美景，缓缓入梦。

风携着温热的湿润，吹起我带汗的发梢，我拉了拉已滑下肩膀的背带，有些疲惫地靠了靠顶着炎热的大树，呼出一口热气，抬眸看着阳光透过层层叠叠的树叶，洒下一片斑杂的光点，任额上的汗珠流淌，我赶紧加快了脚步，赶向了蓝印花布的生产基地——染坊。

刚一踏进染坊专门设置的场馆，历史的洪流便把我淹没，抬手轻轻触摸已变得陈旧的蓝印花布，眼中仿佛浮现出另一个画面。一位已年老的妇女，轻轻拈起一块白布，在上面压上已刻好的模具，拿刷子刷上用豆粉与石灰粉的合成物，再去掉模具，在太阳下晾晒干后浸入用板蓝根的根做成的汁液，连续染上个六七遍，最后将布上的黄豆粉去掉，一块精美无比的蓝印花布便做好了。同时在这里我还了解到除了刚刚的灰染，还有彩染、扎染、蜡染和夹染。神奇的是无论是何种颜色，都可以用植物上色，且每一种的深浅及色泽都不一样。这些都是千古以来中华民族传承的智慧的凝结，永远都闪烁着耀眼的光芒。

怀揣着买来的蓝印花布，我不禁笑了，怀中的蓝印花布暖暖的，是那么地充满温度，它是老祖宗留下的谆谆教诲，是他们对后辈的希望，这永不能忘。

缥缈的云朵点缀在碧蓝的天空上，像清澈的眸子。突然大风涌起，云朵像大风吹乱，像复杂的花纹一般绣在蓝天上，这时一只凤凰凌空而下，优美的羽翼划过天空，落在桐乡乌镇的一棵梧桐树上，后面映衬着的是犹如一块美丽的蓝印花布般的天空。

★作家点评★

全文的文字圆熟，让读者很舒适，建构起来的场景也颇为真实可信。不大协调的地方在于，叙述工艺的时候，还是太说明文的调子了。既然设置了场景和人物，那写作过程中就应该让场景和人物发挥作用，而不是仅仅在那里存在着。相信作者的笔力，应该也是足够应付这样的要求的，也是许多同学出现过的老问题了：随手了。而这一随手，就让文章整体跌了一档。

26. 一块蓝印花布

张瀚中　成都市西南交通大学附属子弟小学校

桐乡，一座弥漫着文学气息的城市；乌镇，一个充满古代气息的小镇；染坊，一个体现劳动人民智慧的地方。

那不只是一块蓝印花布，它上面凝聚了智慧的结晶，它背后蕴藏着许多故事和传说。

蓝印花布，现在在桐乡市十分发达。它有四种制作方法：葛缬、夹缬、扎缬、灰缬。其中葛缬是蜡染，在布上不想上色的地方上蜡，然后染色，最后把蜡去掉，便成了蓝印花布。夹缬是指在两块木板上刻花纹，然后把布夹在中间，用绳子捆上，然后放在染缸中染一小会儿，再解开绳子，便也成了蓝印花布了。扎缬更简单，直接在布上有规律地卷出凸出的东西，再用皮筋扎好放进染缸即可。

只有灰缬最麻烦，但成品最漂亮，不易褪色。它是先用黄豆粉与板蓝根粉混合成一种防染剂，黄豆粉用来固定，因为它有黏性，而板蓝根粉可以有效起到防染作用，而且它们又不易脱落，又可以防染，效果很好。

然后将制作好的模具在布上铺好，然后用专用铲刀将防染剂涂抹在上面，最后上色、晾晒。不能在烈日下暴晒，只能在屋下晾晒，最后两个程序要做七至八次，才能使它不掉色（虽然用久了还是会掉的），不深不浅，别具一格。完成以上工序才可以完成，大约要一星期。

在它后面还有一个“梅葛传说”。据说很久以前，有两个人正在织布，忽然，一阵大风袭来，吹走了许多布，这两个人急忙去追，那些布，有的挂在树上，有的挂在草丛里，还有的被鸟儿衔去搭巢了！这两个人最后发现：有一块布静静地躺在草地上。他们急忙趋进，拾起了布，竟然发现：布是蓝的！他们立马采了些附近的草，拿回去研究，发现了草也可以染色，他们的草只能把布染成蓝的，后来人们又陆续发现红、黄、绿等色的颜料。后来他们两人发明了蓝印花布。

他们死后升入天堂，后人尊称他们二人为“梅葛二仙”。

原来，蓝印花布还不只有这些身份，它还有一个特别身份：非物质文化遗产。它需要我们去呵护、去关爱，让我们把它传承下去吧！

★作家点评★

这篇文章给人的感受不大好，觉得作者似乎不知道该讲什么，于是将自己看到的听到的记录下来的一股脑放上去了，全文于是就充斥着一股浓浓的复述材料的味道。对于这个年纪的作者，应该会经常碰到这样的问题，遇到自己不喜欢或者不熟悉的题目，本能会有回避和随手先写着的状况。其实，哪怕是先停下来，仔细想想，从个人的感受中出发，一定能找到有趣的、让人耳目一新的切入点的。

27. 一块蓝印花布

杨正航　西安市雁塔区吉祥路小学

乌镇，一个历史悠久的古镇，茅盾的家乡，美丽的旅游胜地，自然，里面的特产少不了。今天，我要讲的，就是蓝印花布了。

蓝印花布，顾名思义，就是蓝色的有图案的布。可它是用工业原料染制成的吗？当然不是，蓝色是用蓝草——板蓝根的叶子煮的水染成的，纯天然绿色环保哦！那，花布中的白色又是怎样印上的呢？这要先用刻好的牛皮模板，再垫上白布，然后再涂上石灰粉与豆粉的结合粉，并且把多余的结合粉刮掉，揭开牛皮模板，把印好图案的白布晾干后染成蓝色，最后刮掉布上的结合粉，一张精美绝伦的蓝印花布就完成了！

蓝印花布做好后，可以在原基础上做出一系列产品，如：蓝印花布运动玩偶，蓝印花布钱包、手提袋，蓝印花布衣服，等等。这布不仅是纯天然绿色环保产品，这更是溶进了中华民族的智慧，以及劳动的汗水，所以这也是它备受人们喜爱的原因之一。

如果你买了块蓝印花布，你可以试着闻一闻它的味道，它既没有小姐太太们用的手帕的浓郁香味，也没有劣质机器做出的产品的呛鼻刺激气味，你闻到的，是一种不太好闻的草香味。为什么？因为蓝印花布是手工做的，没有任何机器辅助，没有经过漂洗、除味等工序，所以草味也就留在了布上。可不知为什么，我闻着这不怎么好闻的草味，却散发着一股沁人心脾的清香，这大概就是民间工艺的独特魅力吧。

因为美丽实用，因为手工制作，因为历史悠久，蓝印花布不仅深受人们喜爱，国家也十分看重——蓝印花布可是我国非遗中的一位明星，一件瑰宝哦！

一块蓝印花布，做起来可能并不是太难，可是，它却凝聚了先人的智慧与汗水，小小的一块蓝印花布，它不单是中华民族众多杰作中的一件，更是对中华民族几千年来发展史的又一见证！

★作家点评★

作者明明已经发现了很有趣的点，但却没有执行下去。作者提到了蓝印花布可以现在做成各种日常能够使用的东西，能够融入到现代生活中，如果抓住这个点去叙述，全文就很有意思了。但作者就是没有这么干，让人有些惋惜。这样篇幅的文章，其实抓一个点，就足够精彩了。动辄说大道理的习惯一定要改掉啊，任何人买什么东西或者喜欢什么东西，绝对不是因为其中有劳动的汗水，需要和喜爱才是原因吧。

28. 一块蓝印花布

魏媛 承德市兴隆县第一中心小学

桐乡乌镇多美丽
粉墙黛瓦真秀气
人杰地灵好风景
青山绿水柳依依

微微细雨润万物
湿了灰瓦绿了树
正是怡景陶醉处
游人甚多轻脚步

蓝草染料八道成
白布染蓝美丽仍
拓印泥花刮下去
蓝印花布多朴素

富家没有穷家布
穷家之美富家无
不像王谢堂前燕
依富却笑穷人苦

蓝印花布像茅盾
质朴实在怕谁论
这个失联三年党
那个只有穷家珍

染布需费大力气
写文要花多时间
这个千染百制成
那位复党遗书延

蓝印花布多功能
摆件衣服全都成
茅盾老师文笔好
写下著作直到老

我歌颂茅盾老师
我喜爱蓝印花布
茅盾精神记心上
蓝印花布也别忘

★作家点评★

并不是对齐了字数，有些韵脚就是诗歌的。这篇东西，给人的感觉就是想说明自己厉害，能写诗了，但执行中却随意而松散，只是把一篇别人都会写的应试作文，拆成了一段段，用整齐的字数对齐了写出来。文字的价值，在于其中描述的意义、情绪和言外之意，而不是它们组合的方式。文学创作，也不以类型分高下。作者既然有这样雕琢字句的能力，其实应该是有相当的基础的，为什么不把精力集中在思考，集中在如何呈现，呈现怎么样的思考上呢？

29. 一块蓝印花布

李睿　深圳市弘雅小学

洁白如莹的花在蓝布上绽放、流转。流转过千年，流转过百世……

——题记

一件件缤纷绚丽的布料令我眼花目眩，可却无一是我所喜欢的。这时，一件角落的布料却令我惊颤，它淡雅儒墨，像是这江南水乡最好的代名词。

它不揉作炫耀，哪怕它经过的步骤异常繁琐；它不故作姿态，高高在上，而是贴近百姓。许多人称它“穷人家的布”，它也欣然同意。它不愿当达官贵人的布，因为它清淡儒雅；它愿当穷人家的布，因为它愿意奉献自我。

它，就是蓝印花布。

当那个染布工人将蓝印花布拿出来时，心情一定是激动万分吧？他的这一生，也因蓝印花布而多姿多彩，蓝印花布，是他一辈子的骄傲！

可是，在如今的社会中，蓝印花布却已不再散发当年光彩，因为那些“洋布”。那些“洋布”光临大陆，瞬间将市场霸占。因为它们美吗？并不是。因为它们布好吗？也不是。完全是因为盲目追求所谓的“时尚”。

人们认为的“时尚”，是新的，是别人没见过的。他们看见“洋布”，便立刻抛弃了蓝印花布，并且开始贬低蓝印花布，似乎他们以前从未接触这种“土”的衣服。

当然，若所有人都如此，蓝印花布便会被永远遗弃。幸好，有像奶奶这些人，不但不穿洋衣，还偏穿蓝印花布。也因此，我真正认识了蓝印花布。至于为何，且看下文。

我，在以前是个不折不扣的“时尚派”，虽说在家不敢与奶奶对抗，但在外面还是非常喜欢穿潮流的衣服，我不知道，奶奶将这一切都看在眼里。

那天，我们俩展开了一场辩论赛——说是辩论赛，其实也只是一面倒的赛局。不过，也还是介绍介绍吧：正方，奶奶。主题：蓝印花布比洋布好！反方，我。主题：洋布比蓝印花布好！

一上场，奶奶便先声夺人问道：“你们，洋布，怎么做的？”

我有些诧异地说道：“在工厂里用机器弄的呗。”

“哼！”奶奶冷笑一声，“那我告诉你蓝印花布怎么做吧。蓝印花布最常做法——灰缬；先拿一块白布，用石灰粉和黄豆弄在上面，再拿一块木板，雕刻花纹，最后染色。还有！要铺后晾干，再铺再晾。每一块蓝印花布都是一位师傅的心血，每一块蓝印花布绝对都不一样！风格全都不一样！比你们洋布好多了！”

我在此时终于弱弱地问了一句：“可，可是，洋布量多啊。”

“量多？质量呢？以前我穿的蓝印花布还在呢，你们刚买的没几个月就坏了！”奶奶一副恨铁不成钢的样子。

于是，我输了，不过却收获了许多。也正因为这次辩论，奶奶一听要去桐乡立马就支持我，让我多看看蓝印花布。

也不知是否为了印证奶奶的观点，蓝印花布竟列为国家级非物质文化遗产，令我惊讶万分，也更加崇拜那块布——蓝印花布。

如今，蓝印花布需要世界上的每一个人来保护，甚至来传承，而不是一味地去喜欢那些洋布，那些所谓的“时尚”。

我相信：在非物质文化遗产中，蓝印花布是耀眼的一颗星！

那是一块蓝印花布，在空中飘浮，它知道自己的宝座被剥夺了，却不慌不乱。因为，它知道，在自己的下方，有无数双手想要接住它，也有无数双手举起来……

一块蓝印花布
它，
飞过战乱烽火，
飞过文明古国，
它，
久经不丧，
璀璨文化。
它是一块蓝印花布，
永远不忘记，
自己的初衷。

★作家点评★

从作品的行文上，可以看出作者的基础不错，遣词造句，对情境的设置都有一定的质量了。这篇文章的问题在于，实际上不大有常识，导致了整个文章的立论很偏斜。这并不是写作的问题，而是写作背后的阅读和学习的问题。洋布击溃土布，当年来说，不管是成本、数量、质量都是全方位碾压了，而不是因为什么“时尚”。写作需要阅读，需要设想，但对想当然这点，却是比较排斥的。作者的文字能力其实不错了，这个年纪能建构这种文字，挺厉害的。但真的需要多读书，读对书。

30. 一块蓝印花布

胡源鹏　无锡市扬名中心小学

初六，余至桐乡以游，但见江南之水温润如玉，婉转延绵；江南之林秀小精短，可爱如初春乍放，余赞叹不已，四处游览，见一牌匾，书曰：“丰同裕染坊”。庄正端圆，不见浮狂之气。余奇甚惊甚，跨槛而入，右手谓染坊，制布也，余幸得以入染坊，见其内虽机械皆全，而不见一人也。余奇也，可同行之友，曰：“此为外示之物也，有同物内工。”余观其物，未有所用之痕，然也，制布者，名谓蓝印花布也，上有花纹朵朵，不落俗套。其布虽以蓝色上染，然其纹为白，以得名也。其制艺更得繁杂，造白布者亦有四法，调缝、纺、编、织也。缝者，逢丝也。丝相逢，成布也。然若拼凑不当，败品也。纺者，一方丝也。一方丝，以成布也，然若成布之物夺损，亦败品也。编，织略同，皆以根线成布也。然编者，以丝替线。成布也，织者，以只丝线造粗线，再相连也。古谚有云：“单丝不成线，独木不成林。”成布之工，难于上青天也，余不得以不奇也。得布后，有杂布之法，然先得其染料曰板蓝根者，以其汁液为染料，才得以行。做法之繁，数不胜数，不得以一一相举。且教以一种足矣。此法有名，名曰灰缬，得名之由不详，此法将成品白布笔以浸湿，后碾碎黄豆、石灰各成粉，洒于湿布，再以可镂之纸刻雕花纹，将板蓝根汁洒于未镂处，盖于布上，再以风干，则万事告成。所需之事，所需之物，刻笔、木械，亦有奇状之物，似茶壶，似斗笠，亦有半成品、成品所示，皆以为美。白纹千姿百态，可为花草树木，可为走禽飞鸟，虽相貌大体相似，然其色可深可淡，稍有败笔，亦展其生气也，美者不谓不丑，谓："小丑可露，大美向展。"蓝印花布者，谓之曰真美也。美物不得以歌舞之凡物所沾，不以诗向赞。

★作家点评★

初看这篇文章有点惊讶，小学生已经有写文言的能力了吗？仔细看了之后发现，作者的确对文言有了相当的了解，基础算是相当不错的。但整体行文方式，以及呈现的内容，仍然是那些——描述、工艺、产品、感叹。这就让人有些哭笑不得了。我能理解作者的想法，深度不够，文字来凑，用技巧来掩盖不知道写什么于是只能写套路的尴尬。然而，文言对于熟练的资深的读者来说，暴露错误的概率其实是要高得多了。

31. 一块蓝印花布

金慧善　沈阳市文化路小学

蓝印花布，这普通的东西，在桐乡的大街小巷处处可见。看得久了，容易产生审美疲劳，将它遗忘在尘埃里。

就是这再普通不过的东西，却被我视若珍宝，十年如一日地散发着冷幽的高贵。这小小的方帕子，不是什么大人物的，只是一个小小微渺的普通布衣——远在异国他乡的姨母为我亲手赶制的。

姨母家开了间染坊，日日夜夜工作不停。她的儿子考上了大学，姨母要陪伴他一年半载。每年暑假，姨母都看管我，在染坊里，我学会了不少有用的知识。

姨母是个勤劳的人，她嫁进来时，有一双纤纤素手，如细瓷一般。可再美的手也经不起繁重劳动的摧残。姨母的手如今起了茧子，磨了水泡，堪比未经打磨的木头。

姨母是个博学的人，她会舞文弄墨，也会执刀挎剑。她说她喜欢蓝印花布，喜欢那份简洁的精致，不繁琐的清丽，还有不怒自威的高贵。布匹上绝无金丝银缕，却美丽得如一位九天仙女，不施脂粉，不食人间烟火。

我揣测姨母还喜欢那吉瑞的图案，吉瑞有几个人讨厌？染坊中常挂着一张手艺最好的“喜鹊登枝”，那似乎在颤抖的枝条是因为一只会飞不久的幼鸟调皮地晃来晃去，另一只喜鹊大张鸟喙，似乎在啼叫，鸟眼微闭。惟妙惟肖的惹人喜爱。可是要想如此鬼斧神工，就必须像姨母般——

姨母是个手巧之人，从来心细如发。她雕出来的图案令人自愧弗如。“雕只母鸡能下蛋，雕只公鸡能打鸣。”从神韵至细节，全部考虑周全。让我这毛手毛脚的人羞愧不已。

姨母是个善良的人。有一天，大雨倾盆，一个迷路的小孩。姨母把他让进染坊，安慰他并且给他吃的。他镇定后，姨母送他去警局，千叮咛万嘱咐，心性至仁为世人。

姨母是个包容之人。她的心胸宽广如天，笑笑就过去了，笑笑便淡忘了。大事化小，小事化了。

姨母走了，可是对我的期望：勤劳、博学、手巧、善良、包容……随着一道又一道的工序，这些期许凝实地融入了这方蓝印花布，制成了一块帕子。这是一块蓝印花布，可它又不仅仅是一块蓝印花布！

★作家点评★

结尾这边感觉才像是全文开头。如果能一开始就说“不仅仅”这样，全文的悬念就有了，行文推进的基点也有了，甚至调子都定下来了。但作者似乎是不敢冒险，还是照着常规的路线来了。文章的轮廓清晰，但的确没太大的惊艳。另一点则是，作者似乎经常喜欢在细节上进行文字炫技，一开头的“遗忘在尘埃里”就很典型了。引入这种细节，如果是习惯性，随手就这么来了，作者就要警惕了。这种细节，可能加分，也可能因为不准确和破坏行文节奏而失色的。

32. 一块蓝印花布

宗煦阳　北京市海淀区崛起实验学校

一个男孩在一座破旧不堪的房子前跪着，大声号哭着。他哭的时候嘴里还哽咽着，念着“母亲”二字。在他的胸前，塞着一块又旧又脏的蓝印花布，已经被泪水打湿了。小男孩不时停下来用它擦擦泪水和鼻涕，还把鼻子埋进去，似乎在怀念什么。

小男孩叫阿柳，今年十岁。他是在为他母亲哀哭。

在阿柳的记忆里，母亲是最美、最快活、最温柔的女人。以前和母亲在一起的时光是多么甜蜜，就像整天泡在蜂蜜里一样。在他沮丧时，那双柔软的手总是轻轻抚摸着他的脸庞，让他快乐起来；他悲伤时，母亲总会用她那块蓝印花布手帕为他擦去泪珠。而现在，那块印花布手帕塞在阿柳的胸口。那是母亲唯一的遗物了。阿柳想着，用手帕在自己脸上轻轻擦了擦，试图感受到母亲的爱抚。

可惜的是，阿柳再也得不到母亲的爱抚了。都怪那该死的肺炎带走了她！阿柳在心里骂道。一想到母亲，阿柳的心便一阵绞痛，嘴角抽搐起来，忍不住号啕大哭。

“不哭了，乖孩子。”一个声音在阿柳耳边掠过。阿柳发疯般地跳起来，大喊道：“妈妈，你在哪？妈妈我看不到你……”如清风般，那声音又回答了：“在蓝印花布上，在蓝印花布上……”那声音弱了，软了，最后如轻尘瓦解般，消失了。

阿柳用发抖的双手解下胸前的蓝印花布，轻轻掸去粘在布上的灰尘和泥土，缓缓将其举过头顶。

突然，阿柳扑通一声跪倒在被太阳晒得暖暖的土地上，眼角滚出一串珍珠般晶莹的眼泪，眼睛死死盯住手中的蓝印花布——原来，阳光在蓝底白花的手帕上，勾出了母亲的脸庞。

★作家点评★

这篇文章的结构、节奏、文字等方面都不错，就是和题目结合得不算紧密。感觉将蓝印花布替换成别的东西也能成立。这一点对阅读和评判来说，微微有点不爽的感觉。因为很难判断到底是水平够了发挥出色还是准备了一些套路去应付各种题目。这种准备对于考试或许有用，但对文学实践，起到的作用却是相反的。独特性、独创性，不浮于表面的表达和情绪，哪怕稚嫩，但只要是自己的，不断锤炼下才能提升自己的水平。

>>> 第三部分　在桐乡闻闻秋天

·导 语·

在桐乡游学营中，不仅有已经初中的“大孩子”，也有年仅九岁、十岁的“小一辈”。这些刚刚小学三四年级的孩子们，能够从全国近两万名参赛学生中脱颖而出，写作功力的确不俗。

针对这些三四年级的孩子，高洪波老师也特地为他们准备了一个专属题目:《在桐乡闻闻秋天》。在盛夏的八月，江南的水乡，这些来自祖国各个省市的孩子，要如何去寻找秋天的气息？又要如何“闻闻”秋天呢？

我们惊喜地发现，只要带领孩子们亲身实践、从课堂中走向课堂外，让他们在实践活动里真正贴近自然、感悟人生，他们那些敏锐的感受力和丰沛的想象力，自然能让我们感受到惊喜。

读万卷书，更要行万里路。古人之言，诚不虚也。

1. 在桐乡闻闻秋天

楚子洵　北京市西城区展览路第一小学

春天，我种下一颗文学的种子。秋天，在桐乡，我来收取丰硕的果实。

在桐乡，我闻到了“亲切”的蓝印花，而让我的眼睛变得湛蓝，叙昌酱园里的酱像万紫阳光，涌进我的鼻子，那是多少温暖的味道啊……

在桐乡，我闻到了“美丽”，走在林间的石板路上，处在“小桥流水人家”的画中。天或晴或雨，人或密或稀，每一步就是一幅画，每一个人都是美景，永远讲不完，永远听不烦。

在桐乡，我闻到了“历史”，桐乡就像一名长辈，告诉我们许多故事，世世代代的人在讲，千千万万的人在听。

在桐乡，我闻到了“遇见”，只有去了茅盾纪念馆、丰子恺纪念馆，才能真正地与茅盾先生、丰子恺先生进行灵魂的对话。

在桐乡，我闻到了“兴奋”，我能与沈石溪老师，能与曾经点评过我作文的袁敏老师合照，我能听新概念作文大赛得一等奖的马小淘老师、刘嘉俊老师的指点。

在桐乡，我闻到了“朋友”，室友们时时刻刻帮助我，学习时也能相互学习，相互指点，让我明白了“三人行必有我师”的道理。

在桐乡，我闻到了“成长”，之前都是爸爸帮我收东西，妈妈帮我洗衣服。这次，我自己收了东西，自己洗了衣服，让我明白了九岁的我，也能这么优秀！

以前，它才半寸，现在，它是一棵高大的树，很高很高，这也是我的第一棵树，也将是我人生中最重要的一棵树。

★作家点评★

能够用排比，并且乐于用排比，是每个走上文学道路的人必然会经历的阶段。是的，排比很有气势，读起来就有一种结构上的美感和跳跃的节奏感。这位同学在短短的篇幅里的不断排比，还算是非常圆熟的，且视点从自然到历史，到人物，到最后归结到自然事物，逻辑链条也很完整。这种有规划有条理地建构文章的能力，还颇为从容，倒是让人完全忘记，这是个还有字没认全的小学生了。

2. 在桐乡闻闻秋天

张鸣远　太原市第二实验小学

（一）

我是秋姑娘，夏天即将结束时，我与夏小姐做了交接。

我乘着秋风坐驾飞往人间。一路上，我播撒了无数秋天的种子，在秋天合适的时间发芽，也就是让此事发生在这个时候。

我飞到了北京，撒下“香山红叶”的魔力种子；我飞到了太原，撒下了“落叶纷纷”的魔力种子；我飞到每一个角落，撒下各式的种子。

我来到桐乡。这里是江南水乡，之所以叫桐乡，是因为在这里有很多梧桐，并借助“古有梧桐，凤凰来栖”确定了名字。在这个夏天仍未过完的地方，让我十分喜爱，一时间心血来潮，竟只撒了几颗魔力种子！除了“丰收”魔力种子，我几乎没有撒别的种子。因此，这里还是基本保留夏天的模样。

（二）

我是一个生长在太原的女孩，不过我也喜爱桐乡这片土地，并很喜欢来这里到处游览。

今年秋天，来得很怪。我来到桐乡，仍有些不太习惯。在太原，8月中旬早就刮起了秋风，可这里，却仍与夏天没什么两样。树，还是那么绿；风，还是轻柔温暖；桐乡的秋天仍有绿树与芳草的香味。难道，是因为她？

桐乡秋天的气味一般人可能不太注意，而且大部分就不相信季节也有气味，可我却十分在意。我首次来这儿是春天，秋天可从没来过！有人说，春与秋不是差不多吗？但我认为，春有春的风采，秋有秋的韵味，这就是我在意它的原因。

（三）

这一天，我又在桐乡寻觅秋的味道，正在为此动脑筋的我，似乎感到有人在树上叫我。我抬起头，却对一般人会被吓惨的情景不在意：一个半透明的女孩正坐在树上喊我。

我看着她："你好吓人哦，又用隐身魔法了呀，秋姑娘！"哈，其实去年冬天开始时我们就相识了，并约定明年秋天再会，我差点儿忘了。

"喂，秋儿（我的名字），你在这树下待多久了？我用魔力花瓣扇子都搞不定你。"秋姑娘笑道。

"哎，我呀，在想桐乡秋天的气味呢！"我说。

"这好办，我直接告诉你得了。"秋姑娘从树上飞下来，"我刚撒完种子，闲着呢！"

我又说："不要，不要，我要自己想答案！不过，你会隐身魔法，要不带我去桐乡别的地方看看？"

她跳着说："嘿嘿，逗你玩的！隐身？当然可以！走吧！"她调皮地眨了眨眼睛。

（四）

隐身后，秋姑娘带着我去看了乌镇的东栅、西栅景区，我如获至宝，大饱眼福，她还带我去了石门镇的丰子恺纪念堂和丰同裕染坊，我与她都看得津津有味。她最后又陪我落地，去参观了桐乡市文化广场中的三个有趣的博物馆：摄影纪念馆、钱币馆、非物质文化遗产馆……

时间过得真快，我俩又回到了见面时的那棵大树上，秋姑娘问我："秋儿，现在，你知道秋天的气味了吗？"我胸有成竹地答道："知道了！桐乡秋天的气味多种多样：如叙昌酱园的酱香味；有丰同裕染坊板蓝根的清香；还有一种花草的芬芳！"秋姑娘说："秋儿，秋天哪里会有花草的芬芳？"我不好意思地说："哎呀！纯属口误，应改为'还有昭明书院的书香'！""好！还有，那三个博物馆也有书香的气息。"秋姑娘会心地笑了……

（五）

"桐乡的秋天，撒下魔力种子吧！"我与秋姑娘一齐用如银铃般清脆的嗓音喊出这句话，相视而笑，我们的友谊，桐乡，请记住！

（六）

我养成了记日记的习惯，写作水平逐渐提升，并写出了《在桐乡闻闻秋天》。正当我写结尾时，又不无担心地看了秋姑娘一眼。她笑了，说："没事！没几个人会信，当它是童话好了！"我会意一笑……

★作家点评★

从成熟地写作一篇文章，建构一个完整的逻辑线索来说，这篇不算特别好。主要问题在于，虽然引入了一个角色参与，但起到的叙述作用不清晰不明确，感觉是有了一个点子，将夏天和秋天都拟人化，然后套入题目中，但在文字撰写运筹的时候又有些不知道如何措手。这就是典型的思考和落笔脱节的情况了。但这篇本身的创意的确是很好，运筹文章的能力可以不断提高，但好创意却不是人人能够具备的。

3. 在桐乡闻闻秋天

徐一鸣　广州市开发区第一小学

秋天，是千变万化的。

“待到秋来九月八，我花开后百花杀”，是一种满城杀气的秋；“一年好景君须记，正是橙黄橘绿时”，是一种瓜果飘香的秋。而桐乡的秋却含有一种独特的味道——一种独特的革命气息、夹杂着浓郁的文学气息。

桐乡秋的味道是独特的。文学巨匠——茅盾先生、丰子恺先生都是“铁骨铮铮”的“汉子”，他们虽然生活于水深火热之中，但也有“无人信高洁”的姿态，“先天下之忧而忧，后天下之乐而乐”的情操，“安得广厦千万间，大庇天下寒士俱欢颜”的情怀，真是难能可贵，举世无双啊！

桐乡的味道是漫山遍野的。它们饱含着一代又一代伟人的期望，像蜜蜂一样“无论平地与山尖，无限风光尽被占”地传播给善良、和蔼可亲的桐乡人，让和谐、爱国、敬业、文明等高尚的品质之风吹遍桐乡的“大江南北”，让每个人都感受到这片人杰地灵之地——桐乡的独殊的力量！

桐乡秋的味道是纯洁的。它“上善若水”“大公无私”地哺养这一代代“后起之秀”；它毫无杂质，根深蒂固地融入了桐乡人的血脉；它像躲在小草底下的小花，它们看似毫不起眼，毫无用处，但却默默无闻地贡献着自己的一份力量！

桐乡秋的味道是温柔的。它就像一位母亲保护着这个人才辈出的地方的人——桐乡的人，土生土长的桐乡的人！

桐乡秋的味道是严肃的。它把桐乡治理得井井有条，使桐乡人才辈出，人杰地灵！

别处的秋，大多都是千篇一律的，而唯独桐乡的秋以一种独特的味道使全世界人民都前赴后继地来到了美丽的桐乡！

桐乡！这儿的人，和蔼可亲;这儿的景，古香古色;这儿的秋，令人着迷;这儿的味道，令人着迷！

★作家点评★

在所有桐乡夏令营的孩子中间，作者的年纪是很小的，但文章已经形成了一个相对成熟的写作套路，从好的方面来说，文章中能够看到丰富的文学素材积累，内容布局也是有条不紊，由点及面，这些是能够帮助他脱颖而出的亮点；但与此同时，套路太熟练的话，从切题以及行文的角度容易显得空泛，堆积太多概念后其实并没有将文章夯实。从文学创作角度，宁可将一个虚的东西用各种方法去夯实，也不要去堆积概念。概念的堆积、信息的叠加融合，其实都是在作者自己充分认知、了解的前提下才能进行的。希望作者今后能更加脚踏实地，在文章中以小见大，深入细节，取得更大进步。

4. 在桐乡闻闻秋天

赵简　广州市东山培正小学

已至夏末，桐乡里见不到一丝秋的哀没，四处仍是盛绿。

江南的风，带着稻香与一丝清凉向我们奔来，烈日仍在天空中照耀。乌镇中，花正长得茂盛。

乌镇的建筑很奇特，乌黑的屋顶，洁白的墙，在四处仍能见到盛开的花朵。

水田中，稻苗尚未金黄，却从农户中感到一丝喜悦。

或许，这是秋的气息。

江南水乡，自然到处是水，两岸皆是杨柳。水映无色，波光粼粼。船，在水上划过，一条一条，街边是做买卖的商铺。人们都是坐船代走的。

在水上是一座座古桥，甚是漂亮（下面附上小诗几首）。

思江南（一）

江岸如画水面平，
多少豪杰生柔情。
日映水色水映日，
见此不枉江南行。

思江南（二）

杨柳拂风江面垂，
天近黄昏日映水。
夕阳似火万物清，
乌檐白墙时日辉。

思江南（三）

狂风忽作静雨下，
雨色朦胧日见斜。
窗外滴答落雨声，
黑云飘过剩晚霞。

江南美（一）

街头叫卖船侧驶，
炎炎烈日映客思。
美景忽让客忘愁，
轻风淡柳解客思。

江南美（二）

大风怒吼雨嘶叫，
杨柳静垂似微笑。
雨滴平水见涟漪，
日墙雨落人为小。

★作家点评★

在这个命题下敢写诗，本身就代表着勇气以及对于自己的文字能力的自信了。当然，没办法从成熟诗歌的角度去评判，不然，其实在韵脚上、遣词上有颇多要诟病的地方。不过，感觉作者已经对诗歌的意象，以及对于诗歌的体式能有了基本的了解。虽然有些凑着写诗的感觉，能看得出其中的挣扎，但这都是文学成长道路上不可或缺的经验。随着时间推移，相信作者一定能在这条道路上有所进益。

5. 在桐乡闻闻秋天

史沁琳　咸阳市文林学校

随着季节的不断变化，人们在体验每一个季节。在体验中，有些人对某一个季节产生了偏爱。有人喜欢鸟语花香的春天；有人喜欢烈日炎炎的夏天；有人还喜欢银装素裹的冬天。而我，却喜欢那别具一番风味的桐乡的秋天。

桐乡的秋天，我闻一闻，是带一丝甜味的。微风轻轻拂过面庞，啊！那是什么味道？原来，凤仙花染过的红布，在风中摇摆着自己的身体，散发出一丝丝甜味，那是劳动人民辛勤工作的成果呀！

桐乡的秋天，我闻一闻，是带着历史的味道。在桐乡这里，不仅出茅盾这类名人，还有很多很多年的历史，在这正值秋时，回想一下，更让人热血沸腾，激扬起爱国情怀！

桐乡的秋天，我闻一闻，是带着清新味的。古色古香的小道，清澈见底的流水，徐徐飘下的落叶……这些景色，看了，闻了，心底不断地回味着，不禁就让人神清气爽，意志清醒，又使人心旷神怡。

桐乡的秋天，我闻一闻，是充满智慧的。那小小的一块蓝印花布，是蕴藏了多少代人民加起来的智慧，才凝聚起来的呀！这一块蓝印花布，一闻，就闻出了智慧。

桐乡的秋天，我闻一闻，是带着香味的。那些在秋天，刚刚酿好的油，在空气中散发出阵阵油香。它们，为人类默默地做出了贡献，让人们感到了满足。

啊！桐乡的秋天，你的气味变化莫测，但却都给人一种启示，让许许多多、千千万万的人通过启示成长了起来，我爱你，桐乡的秋天！

★作家点评★

这篇文章给我的感觉是：太作文。从文章叙述的逻辑，排布的段落推进，等等，都说不出有什么不好，一段段的排比也有点意思，但就是看着太作文了，太像是课堂里久经训练的写作路数。对于想要在文学道路上有所进步的同学们来说，不管以前写作文多犯难，但当他们面对更新更难的文学命题的时候，课堂作文反而成了“舒适区”，成了可以操作和驾驭的熟练的路数。希望小作者们明白，文学道路最根本的不是胜过谁，而是跳出自己的窠臼。

后 记

每一篇文章背后，都是一双晶亮好奇的眼睛，而每双眼睛映射出的，都是斑斓的世界，与丰盈的心田。孩子们笔下的文字得以用这样的方式和大家见面，要感谢中华文学基金会和学而思为青少年写作事业发展而进行的精诚合作与不懈努力，有了一个舞台，这些文学的嫩芽才能被发掘，被启迪，被呵护。感谢茅盾先生之孙沈韦宁先生对于文学院工作的支持，让孩子们得以承大师之名走上写作之路。

同时也要感谢在征文活动中对孩子们循循善诱、指路引航的何建明、高洪波、邱华栋、张之路、沈石溪、袁敏、马小淘、刘嘉俊等作家，他们用厚重的经验与耐心的引导吹起一阵风，让文学的翅膀扶摇而上。

让孩子们获益匪浅的少年作家营得以顺利开展，还离不开桐乡市人民政府与茅盾实验小学的周到安排与盛情接待，在此表示诚挚的谢意。

当然，最应该感谢的，还是和我们分享了思考与情感的孩子们，他们在这个春夏之际让我们深感文脉不绝，青少年们，仍然大有可为。

衷心希望他们能一直享受写作带来的快乐，期待来年，也能以这样的方式，和读完这本文集的你相见。

茅盾青少年文学院

2019 年春

图书在版编目（CIP）数据

寻找茅盾的故乡／王乃中主编. -- 北京：作家出版社，2019. 7

ISBN 978-7-5212-0568-8

Ⅰ. ①寻… Ⅱ. ①王… Ⅲ. ①作文－小学－选集 Ⅳ. ①H194.4

中国版本图书馆CIP数据核字（2019）第114548号

寻找茅盾的故乡

主　　编： 王乃中

责任编辑： 宋辰辰

装帧设计： 老　左

出版发行： 作家出版社有限公司

社　　址： 北京农展馆南里10号　　**邮　　编：** 100125

电话传真： 86-10-65067186（发行中心及邮购部）

86-10-65004079（总编室）

E-mail:zuojia@zuojia.net.cn

http://www.zuojiachubanshe.com

印　　刷： 三河市兴博印务有限公司

成品尺寸： 152×230

字　　数： 213千

印　　张： 16.875　　**插　　页：** 10

版　　次： 2019年7月第1版

印　　次： 2019年7月第1次印刷

ISBN 978-7-5212-0568-8

定　　价： 36.00元